民國滬上初版書·復制版

中國監察史略

徐式圭 著

上海三联书店

图书在版编目(CIP)数据

中国监察史略 / 徐式圭著. ——上海:上海三联书店,2014.3

(民国沪上初版书·复制版)

ISBN 978-7-5426-4633-0

Ⅰ.①中… Ⅱ.①徐… Ⅲ.①监察—政治制度史—中国—古代

Ⅳ.①D691.49

中国版本图书馆 CIP 数据核字(2014)第 035520 号

中国监察史略

著　　者 / 徐式圭

责任编辑 / 陈启甸 王倩怡

封面设计 / 清风

策　　划 / 赵炬

执　　行 / 取映文化

加工整理 / 嘎拉 江岩 牵牛 莉娜

监　　制 / 吴昊

责任校对 / 笑然

出版发行 / 上海三联书店

(201199)中国上海市闵行区都市路 4855 号 2 座 10 楼

网　　址 / http://www.sjpc1932.com

邮购电话 / 021-24175971

印刷装订 / 常熟市人民印刷厂

版　　次 / 2014 年 3 月第 1 版

印　　次 / 2014 年 3 月第 1 次印刷

开　　本 / 650×900　1/16

字　　数 / 120 千字

印　　张 / 10.75

书　　号 / ISBN 978-7-5426-4633-0/D·251

定　　价 / 65.00 元

民国沪上初版书·复制版

出版人的话

如今的沪上，也只有上海三联书店还会使人联想起民国时期的沪上出版。因为那时活跃在沪上的新知书店、生活书店和读书出版社，以至后来结合成为的三联书店，始终是中国进步出版的代表。我们有责任将那时沪上的出版做些梳理，使曾经推动和影响了那个时代中国文化的书籍拂尘再现。出版“民国沪上初版书·复制版”，便是其中的实践。

民国的“初版书”或称“初版本”，体现了民国时期中国新文化的兴起与前行的创作倾向，表现了出版者选题的与时俱进。

民国的某一时段出现了春秋战国以后的又一次百家争鸣的盛况，这使得社会的各种思想、思潮、主义、主张、学科、学术等等得以充分地著书立说并传播。那时的许多初版书是中国现代学科和学术的开山之作，乃至今天仍是中国学科和学术发展的基本命题。重温那一时期的初版书，对应现时相关的研究与探讨，真是会有许多联想和启示。再现初版书的意义在于温故而知新。

初版之后的重版、再版、修订版等等，尽管会使作品的内容及形式趋于完善，但却不是原创的初始形态，再受到社会变动施加的某些影响，多少会有别于最初的表达。这也是选定初版书的原因。

民国版的图书大多为纸皮书，精装(洋装)书不多，而且初版的印量不大，一般在两三千册之间，加之那时印制技术和纸张条件的局限，几十年过来，得以留存下来的有不少成为了善本甚或孤本，能保存完好无损的就更稀缺了。因而在编制这套书时，只能依据辗转找到的初版书复制，尽可能保持初版时的面貌。对于原书的破损和字迹不清之处，尽可能加以技术修复，使之达到不影响阅读的效果。还需说明的是，复制出版的效果，必然会受所用底本的情形所限，不易达到现今书籍制作的某些水准。

民国时期初版的各种图书大约十余万种，并且以沪上最为集中。文化的创作与出版是一个不断筛选、淘汰、积累的过程，我们将尽力使那时初版的精品佳作得以重现。

我们将严格依照《著作权法》的规则，妥善处理出版的相关事务。

感谢上海图书馆和版本收藏者提供了珍贵的版本文献，使“民国沪上初版书·复制版”得以与公众见面。

相信民国初版书的复制出版，不仅可以满足社会阅读与研究的需要，还可以使民国初版书的内容与形态得以更持久地留存。

2014 年 1 月 1 日

徐式圭著

中國監察史略

中華民國二十六年五月印行

中國監察史略目錄

中國監察史略

第一章　未有監察以前的官吏狀態

吾國古代所標榜的是賢人政治，所推行的是政教合一。政治上的威權者，同時卽是社會上的導師。一切倫理道德都憑着他們的意向做標準。必能「作師」才能「作君」，也必能「作師」才能「作吏」。通典說：

『伏羲氏以龍紀，故爲龍師名官；共工氏爲水師水名；神農氏爲火師火名；少皞氏爲鳥師鳥名；黃帝則雲師雲名。』

這雖是個傳說，但當時官師的一體已夠證明了。易經詩經時代，做模範人格的「君子」「大人，」他方面卽是擁有政權的稱號。他們的吐辭可以爲經，舉足可以爲法，周旋可以中規，折旋可以中矩。簡直說：他們已是「治」「敎」的極軌了，更有甚麼違法失度的可能？所以當時的君主可以完全不負法律上的責任，刑也可以不上大夫。卽使萬一有了脫離常軌的不幸，民衆救濟的方法，就只有痛痛快快地舉行斥逐或革命。那些和平糾正的手段，在他們眼裏好像是不必需的。周禮八法雖有「官法以正邦治」的記載，但根本上這部書已被人公認做漢儒的贋鼎，所以在這裏也無煩多說了。

我國官制，大概周秦以前員數較少，而且多半是用來管事不是管官。周秦以後，情形恰恰不同。冗員之多，他的弊病比現在的冗兵還要厲害。所以漢建武唐貞觀都曾經過極度的減政。可是後世事情一複雜了，官員就不得不多；官數一多了，裏頭就不免走出漏洞。違法越紀植黨營私，這些亂子，倘非預先設法，當然要鬧得更凶起來。這便是周秦以後監察制度會自然誕生的一個因子。

第二章　監察名稱的沿革

我國監察機關，第一次和古人見面的便是秦的御史。——御訓統治史；說文記事也，合說起來，只是總管文書的官吏罷了，和監察的實際還沒有多大關係。漢興以後，把這個機關叫做御史府，或者御史寺，也有叫做憲台的。——他同尚書的「中台」謁者的「外台」統叫「三台」，在官位上很是體面。東漢因此就把御史叫做御史台，又叫蘭台寺。這是甚麼呢？原來「蘭台」是漢朝藏儲秘書的坊所，後漢御史的官署剛好也設在那裏，因是人以地稱也叫蘭台。劉宋時候，稱尚書爲北省，御史爲南台，梁和後魏的時候，又把御史叫做北台，和中書門下叫做南省的對舉，這當然是台省位置的關係。但有時也叫南台，或許受了南朝的影響吧？北周改名司憲。隋唐仍叫御史台，或者簡稱憲台。僞周武后特別把他改做肅政台，但沒有多久又復原名了。自此一直相沿數百年，至宋至元還沒更改。同時遼金也有御史台的名目。明朝把他叫做都察院，這是根據宋的御史三院——臺院、殿院、察院來的。淸尙沿用明名。民國袁世凱時候，有個官署叫肅政廳，恰巧倣用僞周的名稱，他的命運也不會比他長久。國民革命肇興，南北統一，便在民國十七年，遵據孫總理遺訓，創立監察院於南京，試行五權政治，樹古今未有的宏模。因此監察制度，也就跟着民國長垂不朽了。

第三章　監察的雛形時代——秦

秦始皇統一六國，罷侯置郡以後，疆土廣大，中央的權力對於郡縣，漸覺有些鞭長莫及，便令各郡立下「守」「監」「尉」三官，又令御史出監諸郡，名叫「監御史」，這就是以後「部刺史」的淵源。那在京輔弼丞相的，單名御史，也名御史大夫。通鑑『始皇元年既幷天下，令丞相王綰御史馮刼議定帝號。』可見御史原是秦的舊官，但他的職權滿不在乎監察。

此外有個柱下史或名柱後史的，是御史底下掌圖籍的屬官。漢張倉原先在秦就曾任過這職。漢志只說他『明習天下圖書史籍，』可見他也不是專掌糾劾的了——為甚麼要叫柱下呢？有的說他所戴的法冠以鐵為柱，象徵他的『審固不撓，』因是名柱下。但查法冠的來源，通典注引秦事說：『始皇滅楚，以其君冠賜御史，亦名獬豸冠。——豸獸名，一角，觸不直者，故執法者冠之』這樣說來，以鐵為柱，便是做那帽角上的骨子。——可是發明這帽式的楚君，根本就不是法官，怎的也要取法獬豸呢？有的說：柱下史的朝班站在殿柱的下面，所以有這個稱呼，這倒有些理由，戰國的楚，不是有個最高官「上柱國」麼？他位極人臣，班次最高，站立在柱前，叫上柱國。史是丞相的輔弼，班次消低，站在柱後，當然只是柱下史了。

說起「御史」兩字的來歷，也不始於秦。周末老聃曾爲柱下史，這便是御史的屬官。戰國時，秦趙好會澠池，他們各的紀錄就叫「御史」。滑稽大王淳于髡對齊威王酒問，也說『執法在旁，御史在後。』這都是秦前已有御史的明證。不過他的職掌，都不監察罷。漢叔孫通起朝儀，『以御史執法舉不如儀者去之，』這才是監察的眞起源。周官『御史掌邦國都鄙及萬民之法令以贊冢宰。』魏莊渠註云：『格王正厥事，冢宰之任也；繩愆糾謬，格其非心，御史以之。』很像是個監察的御史了。但周官既是漢儒託古的作品，那些述說，當然是受秦漢官制的影響而來，不能把他算做御史的最初記載。

第四章　監察成長的初期——漢

第一節　大夫制和中丞制的概說

漢自定官制起朝儀之後，監察制度已漸形成但有大夫制和中丞制的差別：「大夫制」是由位列三公的御史大夫兼負監察全責；「中丞制」便是由御史大夫的副貳中丞，主持府務，大夫的設與不設，反不成爲問題。大概在前漢時候，大夫制很是盛行；後漢以後便走入中丞制了。我們爲要明瞭他的內容，先把大夫和中丞的概念，根據史實，述說於次。

御史大夫在漢初時代，雖是侍御史的首領；但他於負責監察以外，還要贊襄丞相辦理政務。位上卿，印銀質，綬青色，秩二千石。定例由各郡守相的高第選任。選任御史大夫以後，倘有政績便可卽眞相位。統計前漢志百官表四十九個丞相裏頭，由御史陞任的就有二十三個。他的權位的高要，前程的遠大，可想而知了。

御史的屬員，職位最大的是正丞和副丞，秩各千石。正丞名叫御史中丞，簡稱中丞；爲他常住殿中主持法紀，又叫「中執法」。他旣可外督各部刺史，內領侍御史，又可以接受公卿奏事，舉劾案章，就是廷尉辦的獄詞也要送給他過目。用現制來比，御史大夫是部長，是政務官；中丞便是次長，是事務官；那個副丞或者單叫「丞」的，只是個秘書罷了，而且設與不設還沒一定。

中丞的出身途徑有二：

1. 退職二千石，
2. 高第侍御史。

第一款　御史大夫的列入三公和大夫制的遞嬗

西漢中初兩葉，完全由御史大夫主持監察，絲毫沒有更動。成帝時候把御史大夫改稱大司空，和丞相（哀帝元壽二年改稱大司徒、）大司馬比並，叫做「三公，」別置長史一官做他的副貳。御史府方面專由中丞負責。這是大夫制移入中丞制的一個轉樞。但這時的中丞名義上還是大夫的僚屬。到了哀帝建平二年，聽了朱博的話，廢除了大司空，仍稱御史大夫，雖然依舊尊他做「百僚師導，」究竟比不上三公時候的尊榮。元壽二年又更前制，改御史大夫為司空。這個是和成帝一樣。但他把中丞改稱長史，不再另設負責監察的長官，又似乎是大夫制的歧形復活。

第二款　中丞制的完成和中丞的獨坐

光武中興，罷長史，設中丞，陞他做御史的首席，由是中丞制便告完成。據後漢書所載，中丞的職權，是：

『執憲中司，朝會獨坐，內掌蘭台，外督諸州刺史，糾察百僚。』

把前漢御史大夫的責任，完全移到中丞手上，不算，還添上一個「獨坐」的榮寵。原來漢制，在朝會時候可以專席獨坐的，只有尚書令和司隸校尉，現在中丞也夠享受這個殊典了，因此當時便有『三獨坐』的名目。

那時的御史大夫呢？據百官表所列，前漢哀帝以後早就沒有了。雖然史裏有說：『更始至長安以隗囂爲御史大夫；』『光武東巡泰山以張純視御史大夫。』其實只是虛應故事的備員，禮成卽撤，那裏談得到監察問題？獻帝建安六年，雖曾罷三公，設御史大夫，但也別置長史以爲副貳，大夫自大夫，中丞自中丞，各幹各的，不相領屬，全不是御史大夫負責監察時候的局面了。

第三款　台臣各論

第一目　侍御史

侍御史是御史府內的普通職員，卽給事殿中歸中丞直領的。所以有的也叫「殿中御史。」

漢時秩六百石，額十五人。

他的品級，和丞相的掾史相當；他的辦事處，是在石渠門外；他的工作分配，計有五曹：

(一)令曹　掌律令
(二)印曹　掌刻印
(三)供曹　掌齋祀
(四)尉曹　掌廐馬
(五)乘曹　掌車駕

他的職權，可以察非法，可以受公卿，可以舉劾違失。在大朝會，大封拜，大郊祀時候，還得由他派遣二人監視儀容。

他的出身是：(1)公府掾屬的高第，(2)退職的牧守議郎郎中，但都以品德爲重。順帝以後便專用「宰士」了；同時若是侍御有三缺，便在三府裏頭各選一人。

（注）「春秋之義，上公爲宰。」三府卽是三公府的簡稱；三府的人士又名宰士。

他的銓敍，「初上稱守，」「滿歲拜眞。」在選授外任時候，高第的補授刺史，二千石，稍次補授縣令。

第二目　治書侍御史

漢初只有普通侍御史，沒有「治書」兩字的名目。宣帝元鳳時候，打算了結各種疑案，便在每年秋季以後，劃定時間，齋居宣室，決斷大獄，並選擇明律的侍御史二人挾持書籍在旁幫助；因是特別叫做持書御史，或叫治書御史。治書御史本來不是常設的。到了後漢沿襲故事，才有專員，定額二人，戴法冠，擕印綬，遇見御史中丞只要持版長揖，以示優異。

他的職任據後漢書百官志所載：

『凡天下諸讞事，掌以法律，當其是非。』

所以他們定要精明法律的高第御史，才可充任。但至後漢桓帝以後，一味因循，不加整飭，雖是淸要的官員，也變成『無所平理，苟充其位』了。

第三目 繡衣直指御史

繡衣是穿着錦繡袍服，表示尊榮；直指是指定一事叫他去幹，——換句話說，便是臨時的特派員。開始在前漢文帝的時候。那時爲着要『出討姦猾，理大獄，』方差遣的。但經過這次開例以後，便有常設的專員。至後漢光武時候撤除，至順帝時候又復設置。

第四目 御史員額

前漢御史員額，共有四十五個；兩個「尙璽」的，叫「符璽御史；」兩個「持書」的，便是前說的「治書御史；」又有兩個「給事；」兩個「侍中丞；」兩個「領錄；」又有二十個人在府裏掌百官事務：這些叫「侍御史。」合併前面所說由中丞直領十五人，便整整四十五員了。此外還有一個「主簿，」——這是張忠做御史大夫以後才有的。後漢光武大舉裁員，御史府裏只剩下持書三人，侍御史一十五人。

第四款 事例總說

秦漢御史大夫本是以輔弼丞相爲主職，所以他要和丞相共同討論朝政。若是政治紛亂，他要和丞相共同負責。所謂彈官吏的責任，反是中丞所專司。哀帝元壽時候，御史大夫彭宣，犯了摧辱丞相案子，哀帝把他交給中丞論罪。這便可知中丞和御史大夫，在行使職權的時候，委實不像是個僚屬關係。現在把御史大夫和侍御史所辦事例，列舉在下面：

（甲）御史大夫　他在監察以外，所管的是：

1. 副貳丞相　這是漢書百官志所明定的。

2. 選舉人才　元帝元初元年，詔丞相御史舉天下明陰陽災異者各三人；永光元年詔丞相御史舉質樸敦厚遜讓有行者：這些都是。

3. 方面專征　武帝征和三年，御史大夫商丘臣將二萬人出西河伐匈奴；宣帝本始二年，以御史大夫田廣明爲祁連將軍，討匈奴；順帝時，御史中丞馮赦討九江賊，督揚徐二州軍事：這些都是。

（乙）侍御史除前說『受公卿奏事舉劾案章』以外，還有下列各種事例：

1. 稽核財政　宣帝黃龍元年，詔御史察計簿疑非實者案之：這是一例。

2. 糾察儀容　該見上面詳。

3. 視察郡國　這雖是監御史的專職，但也用及御史以外的人員。

1. 太常博士　武帝元狩二年遣博士十六人分循行天下，察姦猾爲害，野荒治苛者，這是一例。

2. 丞相掾屬　宣帝五鳳五年遣丞相御史掾二十四人循行天下，舉覺冤獄，擅爲苛禁深刻不改者，這又是一例。

4. 捕治盜賊　這個大概都是繡衣直指的職務。漢武帝天漢二年，遣直指暴勝之衣繡枚斧分部捕逐；太始三年，江充拜直指繡衣使督三郡盜縣，禁察踰侈，都是。王賀做繡衣御史，逐捕羣盜縱而不誅，那是例外了。

5. 案舉風俗　漢平帝以譙玄爲繡衣侍御史，持節分行天下，觀覽風俗，所至專行誅賞；後漢安帝遣八使按行風俗。侍御史張綱埋輪不行，歸劾梁冀兄弟，都是。

6. 督運軍糧　這個漢曾設有專官。漢官儀：『侍御史出督州郡盜賊運漕軍糧言運漕侍御史』是也。

第二節　監御史部刺史和州牧的轉變

漢時州郡監察有監御史部刺史和州牧各種的變遷。監御史設在國初，除監察以外，絲毫不兼他務；部刺史於六條察郡外，他的末流常兼與政治，州牧那簡直是州郡長官，不過也可稽察屬吏罷了。現在把他分述於下：

(一)監御史　監御外察州郡，內隸中丞，本是秦官，在當時也名監察史。漢高祖代秦，未遑設置，惠帝時候，派遣御史監察京兆馮翊扶風三輔，這才是漢代監御史的起源。自是以後，便設專員，並且把他列為選舉科目之一。武帝舉郡國孝廉，他的第三科目，便是：

『明習法令足以決疑，能案章覆問文中御史。』

這可見當時的重視了。

(二)部刺史　武帝元封五年，既經攘卻胡越，開地拓境，便置交趾及幽冀等州凡三十部，據通鑑各置刺史，以秋分行部察州，革除監御史的名目改稱部刺史。「刺之為言猶參覘也，」顧名思義，和監御原沒多大分別。他的察州條詔，共有六個範圍：

1. 強宗豪右，田宅踰制，以強陵弱，以衆暴寡。

2. 二千石不奉詔書遵承典制，背公向私，旁詔守利，侵漁百姓，聚斂爲奸。

「旁詔守利」日知錄作「旁詔牟利，」前後漢書均同原文。

3. 二千石不卹疑獄，風厲殺人，怒則任刑，喜則任賞，煩擾刻暴，剝削黎元，爲百姓所疾，山崩石裂，妖祥訛言。

4. 二千石選署不平，苟阿所愛，蔽賢寵玩。

5. 二千石子弟怙恃榮寵，請託所監。

6. 二千石違公下比，阿附強豪，通行貨賂，割損正令。

部刺史依據這六條，周行郡國，察省治狀，黜陟能否，斷治寃獄。六條以外雖有重大事情，也無權過問。所以朱博做冀州刺史，布告鄉民不能受理告訴縣丞、尉的狀子；鮑宣做豫州牧，卻因爲察舉超過六條，被人彈劾；薛宣上疏，也認定『政教煩苛』是刺史『不遵詔條，任意舉錯』的結果。其實未免太過拘牽，把刺史約束得在六條以外雖有重大事故，要說也不敢說，豈不寃枉？

（三）州牧　前漢成帝綏和元年，丞相翟方進，御史何武，他們以爲用爵秩六百石的刺史，監臨二千石的州郡，那是『以卑臨尊，』未免不配。因此，把刺史換做州牧，進秩二千石；並規定他的官屬，爲：

別駕從事史一人——從刺史行部
治中從事史一人——主財穀部書
兵曹從事史一人——主兵事
部從事史每郡一人——主察非法
主簿一人——錄閤下衆事省署文書
門亭長一人——主州正門
功曹書佐一人——主選用
孝經師一人——主試經
月令師一人——主時節祭祀
律令師一人——主平律
簿曹書佐一人——主簿書

典郡書佐每郡一人——主一郡文書

這樣看來，他的權位雖尊，而巡行所部察舉非法，原初也不是沒有的。

第三節　刺史的復活和州牧的確定

州牧的初制，原和部刺史不大分別；所以還有隨時移調的可能。等到州制確定，牧守成爲地方的常任長官，他的察吏的職務已不及於牧民，要想稽校吏治，便不得不另找途徑，這個等到後面再說。現在先把成帝以後刺史州牧的一起一落，分說如次：

第一次恢復刺史制的便是哀帝。他在建平二年，依了丞相朱博的主張，廢州置牧，策勵外臣。他的理由，不外乎

『部刺史秩卑而賞厚，咸勸功樂進。州牧秩眞二千石，位次九卿，九卿缺以高第補。其中材則苟自守而已，恐功效陵夷，奸軌不勝。』——這是朱博疏裡說的。

『刺史監糾非法，不過六條，傳車周流，匪有定鎮。秩才數百，威望輕寡，得有舉察之勤，未生陵犯之釁。』——這是梁劉昭追論的。

可是哀帝「信道不篤，」到了元壽二年又更換了。王莽得國，倣用周官，便把這些州牧刺史的名目一起根本除掉。

第二次恢復刺史制的，要算到光武了。建武初頭，還是採用州牧制度。至十七年才依祖宗舊制，分天下爲十三州，設刺史十二，各領一州。近京一州另由司隸校尉兼理。刺史之下，有(一)從事，(二)史，(三)假，(四)佐等官分理庶務。

(注)司隸校尉掌察百官以下及京師近郡犯法者，職務與監察御史略同，故不另設刺史。

這些都和前漢差不多；但有不同的兩點：

1. 漢朝舊制，州牧舉奏二千石要經過三公的審查。審查以後，還要派員按驗。世祖中興，用法明察，刺史舉奏不必經三公的覆核便可宸斷執行。這在當時原也不錯，可是無形之中把刺史地位提高，容易釀成專斷之敝。

2. 刺史巡郡，原例是前年八月出發次年春初回奏。光武爲着節省費用，只令他彙同州郡每年上計一起奏報。宋書裏頭說：

『前漢刺史乘傳周行，無適所治；後漢所治始有定處，止八月行部不復奏事京師。』

梁劉昭也說：『世祖中興，監乎政本，復約其職，還遵舊制，（刺史）斷親奏事，省入惜煩，漸得自重之略。』

這樣說來，後世州牧的專鎮一方，和光武「作法於凉」不無影響了。末了，靈帝之時，黃巾賊起無法收拾，宗室劉焉以爲這是刺史權輕而且沒有兵柄的緣故，便建議改置州牧，並派遣宗室重臣前往充任，無論財賦兵權，都由他們統率。由是州牧的權力，便大大膨脹起來，結果，成了諸侯割據的局面。魏志說：『漢季以來，刺史（蓋即州牧）總統諸郡，財賦卽於外，非若曩時司察之任而已。』晉武帝詔書裏頭，也說：『漢末四海分崩，刺史內親民事，外領兵馬，此一時之宜爾。』這可知道漢末州郡長官，由刺史變成州牧，由流性變成固性，由察吏變成治軍治民，也是環境使然，並非一二人所能移轉的呵。

第四節　政績述評

漢時御史風節很嚴；他的權力亦在三公之上。漢書列傳裏說：『張禹爲御史大夫，每朝奏事日旰，天子忘食，丞相充位而已。』又說：『貢禹爲御史大夫，列於三公，數言得失，書數十上，』這可見他的包括一切，不單以彈劾爲能事了。所以倪寬爲御史大夫『稱意任職，久無匡諫，』便爲朝廷所輕。

裏頭最爲峻厲的：如江充任繡衣直指，貴戚重臣，奢侈踰度，車馬便被沒收，本身還要充戍，弄得貴重畏懼，要求罰款贖罪的至積數千萬元。彭宣爲侍御史，執正不阿，百官畏忌，瞧見他的驄馬，就先跑開。因此，京師有『行行且止避驄馬』之謠，被人傳做佳話。

但是漢時御史辦事既沒有一定範圍，他們自身又沒有法律保障，因是舉措失當，跌入法網的也很多。史記裏說：『御史大夫冀幸丞相物故，或乃陰相毀害。』這是爲了御史可以眞除丞相的緣故，但也希冀非分太無法紀了。此外我們翻閱漢史，見得御史大夫犯法得罪的有：

暴勝之坐失縱自殺

桑弘羊坐謀反伏誅

商丘臣有罪自殺

田廣明有罪下獄

伊忠坐河決不憂職自殺

……………………

雖然這些致死原因，不一定完全爲着監察，但至少總和他有些關係，這便不得不歸咎到立法的不大完善了。

第五章　魏晉監察的僅存

第一節　三國的各自爲政

三國時候，魏蜀和吳三分鼎峙，政務不相影響，制度不相沿襲；所以反映在監察上面也各自爲政不會相同。現在把他分開來說：

第一款　曹魏

曹魏直接承漢室，和蜀吳的崛起邊州不同。他的政治裏面，含有東京成分很多。就監察方面來說，如御史大夫，中丞，侍御史等，漢室有的他也盡有。

1. 御史大夫　曹魏御史大夫，完全紹續建安遺緒並沒更改。魏臣王朗要減縮政費，在節省奏裏說：『御史大夫官屬吏從之數，若此之衆，既已屢改於哀平之前，不行於光武之後。』他的意思，好像說國家不自審擇，把勝朝弊政盲目沿襲下來，這是不可以的。第二年文帝改元黃初，變更官制，便把大夫裁掉，只剩中丞主持台務。

2.中丞（宮正） 中丞魏時改稱「宮正，」或者就名「台主。」魏志鮑勛傳『黃初四年司馬宣王舉勛爲宮正——宮正，卽御史中丞也。』晉書考證『魏初改中丞爲宮正，或曰台主。』說的便是這個。明帝卽位，以後又改中丞。魏志杜恕傳『恕謂明帝踐祚以來，御史中丞寧有舉綱維督奸宄者？』這便是證據。而且杜恕本身，就在明帝太和時候當過御史。

3.侍御史 魏的侍御史共有八人，分領數曹，據宋書所載，是：

（一）治書曹 掌度支運

（二）課第曹 掌考課

（三）其他各曹 未詳名目及職掌

在朝會時候，侍御史一齊簪筆站朝旁。當時有一段故事說：

『御史八人大會殿中，簪筆白事，側陛而坐。帝問左右何官。（案辛毗歷事文明二帝，而文帝博覽郡書，深明故事，當無此問。）辛毗曰：「此謂御史，舊時簪筆以奏不法，何當如今者，直備位但眊筆耳」』

把這個和上面杜恕的話合攏一看，曹魏御史的虛濫，不更明白嗎？

4. 持書侍御史　即漢之治書侍御史，但魏制於持書侍御史之外更置「持書執法」叠床架屋，很是可異。

5. 殿中侍御史　魏時由蘭台擇定二人常住殿中，舉察非法，名叫殿中侍御史，這便是後代「殿院」的濫觴。

第二款　蜀漢

蜀志裏頭沒有御史的記載。諸葛亮出師表備述宮府大臣，也不曾涉及御史，似乎蜀漢未有此官。但出師表裏曾說：『若有作姦犯科及爲忠善，宜付有司論其刑賞，』又像監察之制蜀未嘗無。但不知這個「有司」到底是甚麼名兒罷。

第三款　孫吳

吳國御史大夫的設置，是創始在永安之中。永安以前是沒有的。三國誌註引吳錄：『羣臣表峻爲丞相不置御史大夫，人皆失望。』孫峻封相在吳主亮太元元年，接着就是孫峻謀逆，和孫休即位改元永安。那時有個武衞將軍名恩加銜御史大夫，這在吳志是創見的。永安五年吳主休拜廷尉丁密做左御史大夫，光祿勳孟宗做右御史大夫，才開後代左右御史的先例吳主皓寶鼎二年，又把左御史換做「司徒」右御史換做「司空，」雖在短時期之中却也鬧過許多的花樣。

第二節　兩晉的因循故事

第一款　御史類別

晉武帝泰始元年，封御史大夫王沉爲驃騎將軍，博陵公司空荀顗爲臨淮公，其實只是結束魏御史的殘局，並不是御史大夫和司空的重叠。晉時充當監察台主的，只有中丞一人。他的官屬，有的沿魏，有的沿漢，有的「自我作古。」大略情形，是：

1. 持書御史　這是魏官。魏置治書執法二人掌奏劾，治書御史二人掌律令。晉與合併兩職，共設治書侍御史四人。太康以後裁去二人。

2. 殿中侍御史　殿中侍御史也是魏官。魏在殿廷蘭台裏面，特設御史大夫二人，常住殿中舉察非法，由是便有殿中侍御史的專名。晉初增至四人；江左以後裁去兩人。

3. 符節御史　秦時叫符璽令，漢初叫符璽御史，趙堯夫曾爲之，原只混合在侍御史裏面。魏時把他特立「台位」，僅次中丞，掌授節和銅武符水使符。晉武帝太康九年，又把他併入蘭台，叫符節御史。

4. 禁防御史　禁防御史也是魏官，案魏晉官品令均有是職，列第七品。

5. 檢校御史　檢校御史，是東晉孝武帝太元時候創設的。第一任御史晉書說是吳琨，通典說是吳混，他是專掌行馬外事的。行馬是署門外的交木柵欄，古時叫做梐枑，梐枑以外便是街道了。俗說有巡街御史，大概就由這裏來吧？晉初中丞司隸分督百僚，中丞專糾行馬以內，司隸專糾行馬以外。東晉廢除司隸的官員，便設了這個御史來代替。

6. 黃沙御史　黃沙御史，原是治書御史的旁。武帝時候專爲辦理黃沙獄事設的，所以也叫黃沙獄治書御史。他的品秩和中丞相同。四年以後江南併入版圖，黃沙特別獄便跟着裁撤。江南晉書作河南

7. 侍御史　這是普通御史的統名。晉時只有九人，多由郡守選任。山公啓事所說的舊

時御史頗用郡守，是也。裏頭分設十三曹：

1. 吏曹 2. 課第曹 3. 直事曹 4. 印曹 5. 中都督曹
6. 外都督曹 7. 媒曹 8. 符節曹 9. 水曹 10. 中壘曹
11. 營軍曹 12. 法曹 13. 算曹

江左省課第曹置庫曹，掌廐牧牛市租。後又分庫曹爲左庫，外庫共十四曹。

第二款 刺史治軍

漢末改刺史置州牧，並由在朝九卿出領，他的權力已經很重，眞的如魏志所說「內親民事外鎮兵馬」了。曹魏得國初頭，雖把州牧仍舊改成刺史，但他的權力並不比州牧小，他的監察職任反比州牧鬆。有的將兵，有的不將兵。不將兵的叫「單車刺史；」將兵裏頭，地位較高的叫「使持節都督；」地位較輕的，單叫「都督。」彊圻坐鎮，早忘掉他原只監察之官了。其餘雖是不掌兵權，也只管牧民不管察吏。賈逵任荆河州刺史任內（魏志作豫州）曾說：

『州本監郡，謂察二千石以下。其狀（委任狀）皆言嚴能鷹揚有督察之才，不言安靜寬仁有愷悌之德也。今長官不法，盜賊公行，知而不糾，天下復何取正乎！』

因此，他便振頓風規，回復本來面目。州郡二千石以下，阿從不法，即刻奏免他。魏文帝見了，稱他做「眞刺史」，佈告天下，要把荊河州做模範。

晉太康之中，曾經明令都督治軍，刺史治民，實行軍民分治的政治。但於刺史察吏一事，也老早「淡然忘之」了。惠帝末年，復行合併兩職，把州郡分成「單刺史州」和兼督軍事兩種。但裏頭也有和監察有關的：

1. 回復漢初奏事之制，令刺史三年入奏一次。
2. 採用犯罪地主義，凡在轄內違犯法紀，雖非所部亦得彈劾。

(註)刺史兼督軍事，始於馮赦都督揚徐二州。

第三款　政績述評

魏時監察事務，在明帝太和初年好像是很廢弛的。所以杜恕疏裏有一段說：

『騎都尉王才幸樂人孟思所爲不法，振動京師，而其罪狀發於小吏，公卿大臣初無一言。』

公卿大臣吧？當然是御史最負責任了。所以又接着說：

『自陛下踐祚以來，司隸校尉御史中丞，寧有舉綱維以督姦宄，使朝廷肅然者乎？』

這已明白地把監察的失職指出。

晉朝的監察，也不見得比魏高明；但他有兩件事例值得注意的，便是：

1. 打破行馬的界域　中丞專糾行馬以內，司隸專糾行馬以外，這好像是一道鴻溝，好久不曾逾越了。但到了晉朝，體制雖存，早已『更奏衆官，實無其限』了。簡文帝卽位，京師戒嚴，大司馬桓溫屯駐中台，夜吹警角。中丞王怡劾溫大不敬，請治罪。明日溫見奏嘆曰：是兒乃敢彈我眞可尙！這便是一個例子。

2. 打破不糾三公的限制　漢代官儀，是很講階級的；所以刺史品秩不及郡守，便有以卑臨尊之嫌。中丞秩卑，三公秩尊，更不容顚倒糾察了。後漢陳元說：『有司不宜省察公輔，』蓋已成了政治上的習慣。然行馬內事，雖是皇太子也要受中丞的監察，爲甚三公偏得例外？這實在是講不通的。晉傅咸奏說：『司隸中丞得糾太子，而不得糾尙書，臣所未喻。』他們對這制限，已經有了懷疑。到了劉暾做中丞的時候，便不客氣地一直奏免尚書僕射犯法的至十餘人；由是「不糾三公」的例，遂行打破。

第六章　十六國監察的拾零

晉朝不上數傳，便有五胡十六國的割據。他裏頭監察事務，零散在載記上面的：

1. 曾設御史大夫的：

甲　前趙劉聰以陳元達爲御史大夫，位列三公之下。

乙　西秦乞伏乾歸以悌眷爲御史大夫；乞伏熾磐以麴景爲御史大夫。

丙　夏赫連勃勃以叱干阿利爲御史大夫，並設中丞以爲副貳。

2. 曾設御史中丞的：

甲　後趙石季龍以李巨爲御史中丞，百僚震懾，州郡肅然。

乙　秦苻堅以梁光平爲御史中丞。

3. 劾彈事蹟：

(甲)石季龍的初政，以詔旨令御史彈劾吏部不行考選，又以豪戚侵恣，賄賂公行，特擢殿中御史李巨爲中丞，親加寵命：這都是很有價值的。但至末年，馳騁田獵，竟至派遣御史『監察（行苑）禽犯者罪至大辟』簡直是「爲阱國中」了。結果，『御史擅作威福，百姓有美女牛馬，求之不得，便誣以犯獸，論者百餘家。』

（乙）苻堅朝裏，梁光平做御史中丞，紀綱嚴肅。張瓘稱他『才識明達，令行禁止。』李柔做御史中丞，彈劾宗臣苻丕久圍襄陽，師老無功。這在當時都是僅見的了。

第七章　南北朝監察的互異

南北朝的政制各有淵源，跟着監察制度也不能一致。現在把他分述於次：

第一節　南朝

第一款　劉宋巡宮的特制

劉宋時代只設御史中丞一員，主持監察事務。他的僚屬：

1. 治書侍御史二人　分統諸侍御史

(註)宋書禮志『黃沙治書侍御史，銀印，墨綬，服朝法冠，』似宋時另有此職。

2. 侍御史十人　分治諸曹

(一)吏曹

(二)庫曹　由晉之課第曹改置，初分內左庫及外左庫。武帝元嘉中，省外左庫，直曰左庫。孝武大明復外左庫，旋廢。廢帝景和元年復置。

(三)直事曹
(四)印曹
(五)中都督曹
(六)外都督曹
(七)媒曹
(八)符節曹
(九)水曹　順帝時省營軍曹併入。
(十)法曹　順帝時省算曹併入。

這裏頭有和前代不同的，便是中丞每月二十五日要繞行「宮垣白壁」一次。按漢朝舊制，執金吾每月三次巡視宮城。劉宋把這責任交給中丞，未免太涉苛細了。

第二款　蕭齊南司略紀

齊梁時候，御史通叫「南台，」也叫「南司。」齊明帝謂『江淹今爲南司，足以振肅百僚，』

便是證據。他的制度，多沿劉宋。據南齊書百官志，有的是：

御史中丞一人職無不掌。

治書侍御史二人掌舉劾不法並分統侍御史。

侍御史十人，分掌諸曹事務。

第三款　蕭梁御史大夫的一現

梁國初建，曾設御史大夫。翌年卽位，改元天監，便廢大夫，設中丞。他的監察範圍：

1. 皇太子，宮門行馬以內各官犯法。

2. 行馬以外各官犯法，監司失察不劾。

(註)監司便是負監督責任的官司。晉書范寧傳『監司相容初無彈劾，』這是「監司」兩字的來歷。

他的屬員

1. 治書侍御史二人　掌舉劾官品第六以下，並分統侍御史。

2. 侍御史九人　掌居曹治事，並糾不法。

3. 殿中侍御史四人　掌殿中禁衞以內。

（註）自魏設殿中御史以後，停廢多年，梁天監後始復。

4. 符節令史一人　掌符璽

他的儀仗，梁武帝尊崇體制，新給儀仗十人武冠絳韝，呼喝入殿。還給青儀囊，題爲『宜官告以受訟辭，』確是異數。

第四款　陳的相沿故事

陳的御史無所變更。據史裏所載，計有

御史中丞一人，

治書侍御史二人，

侍御史九人，

他們的職掌都和前一樣。

第五款　台使之害

刺史原叫「外台，」他的監察任務是和「內台」比美的。可是自漢以後，早就「無聞」了。南齊書裏面有個「州牧刺史」的名目，那是「罷牧置史，郎以刺史領州」的緣故。蓋漢前為兩官，至江左却合為一職了。梁時刺史皆令提督軍事，則又把治吏，治軍，治民合攏在一塊。對於監察的本業，當然名是實非，剛合日知錄的說數：

「漢之刺史，猶今之巡按御史；魏晉以下，猶今之總督；隋以後之刺史，猶今之知府直隸州。」

南朝的刺史也只是南朝各州的總督罷了。他的察吏之官，另外有個「台使。」宋文帝元嘉三年，詔遣大使巡行四方曾說：

「宰守稱職之良，閭華一介之善，詳悉列奏；刑獄不卹，政治乖謬，傷民害教，具以事聞。」

這便是台使的責任了。然台使的弊害，在當時亦甚重大。廿二史劄記有一條說：

宋元嘉中，簿書賦稅，皆責成郡縣。孝武急速，乃遣台使。自此公私勞擾。齊初王子良疏曰：

此輩使人，既非詳慎，或貪險崎嶇，營求此役。朝辭禁門，形態卽異，暮宿村縣，威福便行。脅遏津吏，恐喝郵傳，旣望城郭，便飛下嚴符，但稱行台，未知所督。先詞官吏，卻攝郡曹，絳標寸紙，一日數至。四鄉所召，莫辨枉直，萬姓駭迫，爭致餽遺。今日酒諧肉飫，卽與附申，明日禮輕貨薄，復責科算。及其犍蒜轉積，鵝粟漸盈，遠則分鬻他境，近則託質吏民，反請郡邑助民祈緩。此齊台使之害也。梁書賀琛傳亦有疏曰：今東境戶口空虛，皆由使命繁數。大邦大縣，舟船銜命，非唯十數，卽窮幽之鄉，極遠之邑，亦皆必至。駑困邑宰，則拱手聽其漁獵；桀黠長吏，又因之而爲貪殘。故細民棄業流冗者多。此梁台使之害也。

察郡既沒有專官派遣又不詳慎，擅作威福，苛詐吏民，那當然是免不掉的。趙甌北矯枉過正，至說：『外吏不可信而遣朝使，小官不可信而遣大僚，宜其屬官方而達民隱，乃滋累更甚，則不如不遣之爲愈也。』未免「因噎廢食」了。顧亭林的話，比較持平。他說：『倚勢作威，受賕不法，此特其人之不稱職耳。不以守令之貪殘而廢郡縣；豈以巡方之濁亂而停御史？』這是不錯的。

第六款　四朝事蹟略述

江左御史諸員，雖多一時名彥。然世家閥閱每不重視此官，以致政績亦鮮可舉：

宋顏延之爲中丞，何尚之與之書曰：絳騶淸路，白簡深劾，取之仲容，或有虧耶？

王球甚矜曹地，遇從弟僧朗除御史中丞，謂曰：你爲此官，不復成膏粱矣。

（註）三世有三公曰膏粱。

齊甲族由來多不居憲職，王氏分枝居烏衣者，爲官微減。王僧虔爲御史中丞，乃曰此是烏衣諸郎坐處，我亦試爲耶？

梁張緒由宣城王長史遷御史中丞。高祖宣旨曰：爲國之急，惟在執憲直繩，用人本不限升降。晉宋之際周閔蔡廓並以侍中爲之，勿疑是左遷也。

謝幾卿由尚書三公侍郎尋爲治書侍御史。舊郎官轉爲此職者世謂爲「南奔」。幾卿失志多陳疾，台事略不復理。

（注）御史台爲「南司」，尚書省爲「北省」，故由省至台曰南奔。

御史既不爲人所重視，如是，因而居是職者亦不肯奮發自厲。宋書稱顏延之爲御史中丞，在任縱容，無所舉奏。齊明帝亦曰：宋世以來，不復有嚴明中丞。那時的御史諸官，實只備員充數而已。

中經梁武帝尊崇體制，並特加旌賞，以示優異，風氣爲之稍有移轉。梁陳之間，御史頗多稱職。史載：

江淹彈中書令謝朏，司空左長史王績，護軍長史庾弘遠，並以久疾不與山陵公事。又奏前益州刺史劉悛、梁州刺史陰智伯並贓貨多巨，將付廷尉治罪，內外肅然。明帝稱爲「近世獨步。」

張緬居憲司，推繩無所顧望，號爲勁直。武帝乃遣工圖其像於台省，以勵當官。

張綰再爲憲司，彈糾無所回避。豪右憚之。

到洽遷御史中丞，彈劾無所顧望，號爲勁直，當時肅清。

孔休源除黃門侍郎兼御史中丞，正色直繩，無所回避，百僚憚之。

臧盾性公强，居憲台甚稱職。

江革爲御史中丞，彈奏權豪，一無所避。——以上俱梁書。

孔奐性剛直，善持理，居中丞多前糾彈，朝廷甚憚之。

袁憲爲御史中丞，豫章王叔英不奉法度，逼取人馬。憲依事劾奏，叔英由是坐免黜。自是朝野皆憚焉。

徐陵除御史中丞；安成王頊爲司空，以帝弟之尊，勢傾朝野。直兵鮑叔叡假王威福，抑塞詞訟，大臣莫敢言者。陵聞之，乃爲奏彈，導從南台官屬引奏案而入。世祖見陵服章嚴肅，若不可犯，爲斂容正坐。陵進讀奏版時，安成王殿上侍立，仰視汗流失色。陵遣殿中侍御史引王下殿，遂劾免侍中中書監。自此朝廷肅然。

宗元饒爲御史中丞，吏有犯法政不便民及於名教不足者，隨事糾正，多所裨益。——以上均陳書。

由宋齊的委靡，可以轉至梁陳的嚴肅。他的樞紐只在於體制的尊崇，和朝廷的提倡。我們要監察制度發生實效，對於官吏的待遇不可不先計及。

第二節　北朝

第一款　元魏的中尉

後魏建國初頭，曾有個外蘭台御史。魏書官氏志載『太祖天興四年罷外蘭台御史，總屬內省。』這有兩個解釋，不是撤廢御史台，便是把御史附屬在內省底下。這樣下來，一直至高祖時候，方才事事模倣中國古法，設立太和官制。裏頭屬於監察的：

1. 御史中尉一人　後魏的中尉，卽漢晉的中丞，掌督百司百僚。凡屬朝會，自尙書令丞僕射以下，都要送册往「南台」備查。

2. 治書侍御史　人數未詳。高祖太和官制，和世祖職令，皆有此官。前令列第五品以下，後令列六品上階。他們是『掌糾禁內朝會失時報章違錯』的饗宴會見，也在他們監察裏頭。

3. 殿中侍御史　員數未詳，太和官制列從五品中階，世祖職令列入八品上階。

4. 侍御史　員數未詳。他的職掌，是隨同殿中侍御史，白天値事外台，夜裏番宿內台，督察非法。

5. 檢授御史　世祖職令有檢授御史一官，列從八品上階，蓋卽前說的檢校御史。

這裏有一個特點，値得注意的：便是後魏定制，侍御史不隨台主更換，使他可以專心治事，不至跌入政治旋渦，這不能不說是後魏監察的一個進步。可是世宗延昌時候，王顯拜御史中丞，藉口『屬官不悉』要求更換；而更換的結果，又『或有請屬，未皆得人，』遂致王顯的聲名墮落，而監察上的良好習慣也就跟着打破了。

第二款　北齊御史和尙書的關係

北齊官制，和魏相同。關於監察方面，有：

甲　台官

1. 中丞一人
2. 治書侍御史八人
3. 殿中侍御史十二人
4. 檢校御史十二人

乙　屬吏

1. 錄事四人
2. 領符節史令一人
3. 符璽郎中四人

但他也有個特例，便是尚書令『專掌糾彈現事，』凡是現行犯一類，他都可以和御史中丞『更相廉察。』這是前代所沒有的。

第三款　北周的改制

北周官制，起初也和北魏相同。待至「方隅粗定，」便令蘇綽盧辯改創章程。他的特點有二：

1. 減裁冗員　蘇綽所上六條詔書，有說『善官人必先省其官；官省則事省，事省則民淸；官煩則事煩，事煩則民濁。』這是他主政的方針。

2. 倣古定制　盧辯紹述蘇綽遺業，遠師周制，設立六官，鄙夷漢魏之法。因是監察制度也大有變更，把御史府改名司憲，列入秋官府內。他的名目，是：

司憲中大夫二人　掌司寇之法，辨國之五禁。——這個和御史中丞相當。

司憲上士二人　這個和持書御史相當。

司憲中士若干人　這個和侍御史相當。

司憲旅下士八人　這個和監察御史相當。

第四款　政績述評

北朝的監察制度，雖然稍爲特別些兒，究也不會脫離人存政舉人亡政息的窠臼。所以在得人的時候，有：

王顯領憲多所彈劾，百僚肅然。（魏）

延周轉治書御史劾奏王公大臣，先後免職。（魏）

趙郡王琛除御史中丞，正色立朝，糾彈無所回避。（魏）

竇泰領御史中尉，雖無多彈劾，百僚退憚。（齊）

但在失人的時候，便未免像

裴延儁守職台閣，不能有所裁斷直繩。（魏）

甄琛領中尉，俛眉畏避，不能繩糾貴遊，凡所劾治率爲下吏。（魏）

最明顯的例，便是：魏肅宗正光以後，天下多事，在任羣臣，甚少廉潔之輩。後來齊王宣澄奏用崔暹爲中尉，糾劾權豪，會使風俗更始，連世宗都駭異起來，對他說：『我猶畏羡，何況餘人？』這樣看來，風憲得人，實在是政治清明的第一關鍵。

那項外郡的巡察，到很風厲。張纂在樂陵受賄，聽得御史將到，便至棄郡而逃；韓軌在瀛州稍微聚斂，便被御史糾劾免官，這都是實例。

第四節　中丞專道問題

南北朝時候，有個「中丞專道」的老例。自劉宋以及蕭梁都很『奉行制令，』中丞的儀仗，便也「一蟹勝過一蟹」起來。但依據法令和習慣可以和他分道的，有：

1. 尚書省令　這是武帝孝建二年明詔允許的。但只限定「令」的一級，丞郎以下便沒有這特權了，雖在退朝下班，中丞也可打斷他的行列。

2. 皇太子　這是文帝元嘉十三年中丞劉式之議定的，他說『皇太子不宜與衆官同列，應與分道。』

3. 揚州刺史，丹陽令，建康令，這也是劉式之說的。理由是：

「揚州刺史丹陽令建康令爲京輦土地之主，或檢校非違，或赴救水火，事貴神速，不宜稽駐，應與分道。』

別的官吏，自然是坐車的下車，坐馬的下馬，遇着中丞，都要「停駐」或「回避」了。在南齊時候，還因爲和武將相遇『鹵簿呵禁，』打起幾回架來。

北朝的中丞專道，不讓南朝，還加上一個棒打的例。原來後魏時候，中尉出入，是要淸道千步以外，雖是王公大臣，在那時候也得停驂，若是不然的話，他就可以用棒子棒他。最惹人注意的便是：北齊武成帝所遣的中使，犯了中丞瑯琊王名儼的儀仗，被打得鞍碎人仰馬翻，都沒話說。壽陽公主和中丞高恭之衝道，被恭之打碎宮車，她的帝兄還要向他道歉，這眞是推崇極了。在實際上，如果也會這樣，豈不好嗎？專講儀式，那是沒用的。

當時因專崇太過，未免出了岔子。一個是在後魏時候，北史說：

『元志爲洛陽令，與中尉李彪爭道，俱入見。彪曰：御史中尉，碎乘輿羽蓋，駐論道鼓劍，安有洛陽令與臣抗衡？志曰：臣神州縣主，普天之下，孰非編民？豈有俯同衆官，趨避中尉。遂令分路。』

劉宋都揚州，北魏都洛陽，爲他都是京兆首都，所以才有特別待遇。又一個出在唐朝，洪容齋

隨筆說

『唐御史中丞溫造，道過左補闕李虞，恚不辟，捕從者笞辱之。左拾遺舒元褒等言，故事供奉官惟宰相外無屈避。造棄蔑典禮，辱天子侍臣，請得論罪！乃詔台官供奉官共道路，聽先後行，相值則揖。』

但這只是餘波而已，其實周隋以後，中丞出入只有私騎匹馬相隨，一切以前隆重的儀仗，早就沒有了。

第八章　有隋監察的轉捩

監察制度，經過南北朝的紛更，已入衰頹狀態。隋高祖代周，改易制度，廢除六官，仍立御史台以專糾彈，實是中國監察史上由衰還盛的一個轉樞。現在把他述說於下：

第一節　高煬台制互異

隋高祖和煬帝雖是站在一作一述的地位，但他的台制却不相同。分說起來，有如：

1. 御史大夫　原是周的司憲中大夫，又即是南朝的御史中丞。他所以不叫中丞要叫大夫，那只是避犯國諱罷了。他們專掌糾彈，不管政治，只此一層已夠說明不是三公之任了。員數一人，階從三品，煬帝把他降做正四品。

2. 治書侍御史　即周司憲上士，也就是隋的中丞，專管台裏簿書，做大夫的副貳。只因隋氏諱「中」，更移稱治書侍御史，和前朝的持書挾律原不相同。唐時高宗諱「治」，又把他回宗做中丞，這是後話不題。員數二人，階從五品。

3. 殿內侍御史　卽是前朝的殿中侍御史，隋朝諱「中」所以改做殿內。高祖時員數十二人，階正八品煬帝時省。

4. 監察御史　卽是秦的監御史，魏的檢授御史。高祖時，員數十二人，階從八品。煬帝增至十六人，階從七品。掌出使檢校。

5. 侍御史　員數未詳。高祖初年，令依故事直宿禁中，階從七品。煬帝罷直宿之例，並陞階爲正七品。大業中員數增至百餘人，降階從九品。掌任侍從糾察。

6. 錄事二人　高祖初置。

7. 主簿二人　煬帝增置。

那時有最可注意的兩點：便是1. 隋御史不聽台主更換，他選授全出「吏銓」——吏部銓選。2. 遣將出外，常令御史監軍。

第二節　司隸台和六條察郡

第一款　州郡的變更

日知錄裏頭說：『漢之刺史猶今之巡按御史；魏晉以下猶今之總督；隋以後猶今之知府及直隸知州。』這是說他的領域細小，又不舉行巡察的緣故。所以煬帝罷州置郡，一般學者都認他做地方制度的改革。其實煬帝罷州，只是高祖廢郡的反響，在根本上並沒有更換。高祖開皇三年『廢郡留州，用州統縣，』這是採取地方兩級制，刪除中間階級的郡。煬帝罷州置郡，也只是換文帝之州，卽以爲郡，名目雖有變更，並不曾把地方分割零碎。我們只看，南朝疆土最小的要算是陳，他還有四十多州。北朝後周大象時候，全國的州共有二百一十一個，合算兩朝不是二百五十多個嗎？隋氏統一南北，煬帝又從新定林邑各地，而所置的郡僅有一百九十。雖然比不上漢魏之州之大，但和南北朝相較，已「有過無不及」了。可知地方區域的縮小，實在晉時已然，並不自隋始。

第二款　司隸的六條察郡和刺史督軍的禁制

自隋以後，州郡之官早已不司察郡。煬帝大業年間，設立司隸台，這才是專察州郡的機關。他的組織：

1. 司隸大夫一人　掌諸巡察。

2. 別駕二人　一人掌按東都，一人掌按京師。

3. 刺史十四人　掌巡視畿外諸郡。（注）與部刺史之刺史不同。

4. 從事十四人　掌副刺史巡察。

視察的範圍，和漢一樣，也只六條。

一　察品官以上理正能否；

二　察官人貪殘害正；

三　察強豪姦猾侵害下人，及田宅踰制官司不能禁者；

四　察水旱蟲災不以實言枉徵賦役，及無災妄蠲免者；

五　察郡內盜賊不能窮逐，隱而不申者；

六　察德行孝悌茂才異行，隱而不貢者。

定每年二月乘軺巡郡，十月入奏，恰和漢制的六條後先輝映。說他『不行視察』眞是夢話。

後雖罷廢司隸台而司隸從事，仍然存在，不過不是常員，要待臨時選官權攝罷了。

那時還有一事可以注意的，便是：革除魏晉刺史持節督軍之例。於刺史以外，別置都尉領軍，與郡守不相知問，使軍民分治的實行性，更加一層堅固。

大業末年，司隸刺史薛道衡觸犯了煬帝；煬帝因是虞世基乘機奏免，並廢置刺史以下官屬。州郡監察遂至墮廢，而隋之社稷也就不久淪亡。

第三節　政績述評

隋的監察事蹟，很少可紀。開皇八年，尚書主簿元壽奏章裏，有一段說：

『御史之官，義存糾察，直繩莫舉，憲典誰寄。……蕭摩訶遠念資財，近忘匹好，……殿內侍御史韓徵之親所見聞，竟不彈糾。……治書侍御史劉行本出入宮省，備蒙任遇，攝職憲台，時月稍久，庶能整肅纓冕，澄清風教；而在法司，虧失憲體，瓶罄罍恥，何所逃愆？……行本微之請付大理。』

這便是監司失職的一個證明。而煬帝嗣位以後，『王綱不振，朝士多贓貨，』（見昂千里傳）尤不得不歸罪於司憲的大臣。大業中，裴蘊做御史大夫，竟和虞世基裴矩狼狽爲奸，逢迎意旨。而裴矩尤其善伺人主微意，『若欲罪之，則曲法順情鍛成其罪；所欲宥者，則附從輕典從而釋之。』那裏還有風憲的可言？

州郡方面，自大業末年，罷置司隸刺史，增設御史百人，越發造成安置姦黨的機會。「郡縣有不阿附，便陰陷以法，」監察的話，更不消說了。另一方面，却又「興師動衆，留守京師，」以及「互市諸蕃，派遣臣使，」都要御史從中監制。弄得「汚沾官方，侵擾百姓，」地方政治不清，四方盜賊羣起。我們雖說隋氏之敗，由於御史，也不算是什麼過言。

就裏的鷄羣立鶴，要算開皇時候，陰骨儀爲侍御史，處法平當，不爲勢利所回；大業初頭，陸知命爲治書侍御史，儼然正色立朝，爲百僚所憚。

第九章　監察的全盛時期——唐

監察制度，到了唐朝可算是全盛的了。組織既很詳密，法度也頗完備，現在把他分述於下。

第一節　唐代御史總說

唐的監察機關，仍名御史台，掌用『刑法典章糾正百官之罪惡。』有大夫一員做台主，有中丞兩員做副貳（新書作三員從舊書）中葉以後，朝廷以大夫秩崇，官不常設，只留中丞攝任台長。（見武宗會昌二年勅）所以也把中丞品秩陞至四品下階，和大夫三品中階相擬。但這都是後話。

高宗龍朔二年，用『義訓』更改百官名目，叫御史台做憲台，大夫做大司憲，中丞做司憲大夫。咸亨元年，仍復舊制，中間更換名號，不及八年，而且在實質原只一樣。武后文明元年竊奪大位，改元易服，才把台制根本變更，以御史爲肅政，並分左右兩台。中宗神龍復國，御史也復原名；但兩台之制，還沿至睿宗太極元年，始行合併。

第二節　兩台和三院

第一款　兩台的起滅

唐初御史，只有一台。武后親制，才分左右兩台肅政。左台主督察百官軍旅；右台主督察州縣政治風俗。初時兩台『互相糾正頗加敬憚。』時議以爲右多名流，左多寒刻，故選登南省也是右台居多。末後，兩台兼主京師和州縣的督察權限既不分開，而御史裏頭又多互相傾軋。睿宗景雲三年下詔說：

『二台並察京師，資位既等，競爲彈劾，百寮被察，殆不堪命。』

這大概就是裁併的理由了。太極元年，遂廢右台。是年五月改元延和，復設右台御史；但以尙書事務歸入左台。右台不服，起而爭縮。左台大夫竇懷貞，遂依故事奏撤右台，把人員併入左台安置。先天二年再復，十月又廢。

第二款　三院的組織

台的下面更有三個附屬機關：

（一）台院　這是侍御史辦公的所在。侍御史叫台端，又被人稱做端公。唐初標榜『法理』（理即治也）主義，他的職位很居雄要。裏頭有侍御史六人，（通典舊書均作四人，茲依新書。）主簿一人，錄事二人，令史十七人，書令史二十三人，分掌「推」「彈」「公廨」「雜事」四種台務。推是推鞫；彈是彈劾；公廨是常駐衙門；雜事是總理一切庶務。他的分配如左：

知雜事侍御史一人　特別叫做「雜端，」要年資最老的方才可以充任，主管御史進名改轉，以及台內一切事務。

知公廨侍御史一人　這便是常駐廨內的御史，用今制來說，便是常務委員。

知彈侍御史一人　侍御史提起的彈劾事件，都得經過台長手上。大事台長另用「方幅」上奏，小事只在御史疏末署名押奏。知彈便是幫助台長知這些事。

知推侍御史二人　名叫「副端，」分掌東西推鞫事務。原來唐初把京官州縣分做東西兩推，設知雜御史各一人，主監贓瀆。在三司受事時候，又各要一個殿中侍御史爲副，通叫「四推御史。」憲宗元和八年，令四推輪直受事，周而復始，罷東西分日之制。

分司東都留台一人　這便是後世「行台」的藍本。

這些侍御史的權力，在唐初原是很重的。肅宗至德以後，宰相以侍御史權重，建議彈奏先白中丞大夫，又要通狀中書門下，然後才得進奏，由是拘牽制限，侍御史的權力便不及從前那樣自由行使了。

(二)殿院　這是殿中侍御史的所在。內裏有御史九人，通典舊書均作六人，茲從新書。令史八人，書令史十人，掌(一)糾察殿廷各種儀節和(二)分知京城內外的左右巡。他的工作分配是這樣：

1. 同知東推一人　掌監太倉粟米出納，雙日出台，單日在殿，間日一往。

2. 同知西推一人　掌監左藏錦帛出納，雙單日的分配同前。

3. 廊下食使二人　朝官就食廊下，要有殿中侍御史二人出監。

4. 分知左右巡二人　左巡知京城內，右巡知京城外，但以雍洛兩州的境界爲限。境內有所不法之事，無論何人皆得舉究。後以巡務太煩，歸京畿縣尉管理。

5. 內供奉三人　掌監殿廷供奉儀式。

其他巡幸朝會郊祀等事件，定例也要殿中侍御史派員糾察。

(三)察院　這是監察御史的所在。內裏有御史十人，御史裏行五人，掌監察百寮以及巡按州縣各種事務。他的工作分配，原有：

1. 六察御史　簡稱「六察官」」分掌尚書省吏，禮，兵，工，戶，刑六司的監察。

2. 監太倉使　這個原屬監察御史的範圍，後由殿中侍御史專監，此職遂停。

3. 監左藏使　仝前

4. 黜陟使　享有黜陟州縣官吏的特權。太宗貞觀八年設；肅宗乾元元年罷；德宗建中元年復置黜陟十一人，分巡天下。

5. 監軍御史　這是隋的舊制。武后垂拱二年，以御史監軍為『以卑制尊且非委任專征之道，』此制遂停。

6. 知左右巡　這個原是監察御史的責任。初制每月巡視刑部，大理，東西徒坊，金吾縣獄，不限次數，一月一代。開元以後，改由殿中侍御史知巡，此職遂停。

7. 館驛使　開元中年，監察御史兼巡傳驛，二十五年改兼巡為「檢校，」代宗十四年，復改檢校為「知，」名為知兩京驛使。

8. 察院雜差

1. 監決囚徒及罪人之笞於朝者；
2. 監屯田鑄錢；
3. 戰時大克掌數俘奏功；
4. 國忌日與殿中侍御史分巡寺觀；
5. 宴饗習射，大祠，中祠，糾察不如儀者；
6. 蒐狩，監察斷絕失禽。

第三節 台臣的正除和額外

第一款 正除

唐御史除拜，皆由吏部丞相和本台長官共同議定，但也有由內詔特任的。高宗以後台官選授，逐漸鮮受銓管。睿宗神龍時候，爲着李義府主選，奸弊甚多，便完全令他脫離吏部。那時頗能愼選名流，回復貞觀永徽之舊。

第二款　額外設置

唐的御史，有假，有試，有兼，有攝；這些都是正員。有裏行，有裏使，有員外各種名稱，這些都是特別加額。

太宗詔令馬周以布衣在監察御史裏行，這便是「裏行」二字之始，猶今言在某某衙門行走一樣。到武后時，又有殿中侍御史裏行之官，都由他官兼充，他的俸薪即由他官支給。自從王太賓兼攝裏行，罷給本官之俸以後，裏行一職才有真除。

員外試監察之制，始自武后。那時李嶠主天官選事，名器虛濫，朝廷員外官多至數千人，監察的員外，自然也極擁擠了。

裏使始自玄宗，有御史裏使、侍御史裏使監察裏使各名目，但都沒有常員。

原來唐的台例，只限占闕正員，才有職田庶僕。額外無闕可占，便只一年兩次請地於太倉，每月一次受俸受祿於太府。

第四節　御史處事成規

唐代御史處事的成規，也可分做數種來說：

一　風聞論事　舊例御史不受詞訟。通詞的人須在台外守候。御史按時在門外收狀，察其可劾者具奏，但不敍告者姓名，託言風聞訪知。這便是「風聞論事」的來源。但御史裏面究竟疾惡如仇的少，奉行故事的多，因循玩惕，漸把「通狀」壅滯，或竟無人受理。高宗永徽時候，崔義元爲御史大夫，便開「受事」之例，由御史一人輪直受狀，劾狀中亦得敍述告人姓名。開元以後遂定爲制。

二　奏置台獄　唐初御史鞫案，皆寄送大理寺禁繫。太宗貞觀末年，御史中丞李乾祐，以囚自大理往來，諸多未便。又台中鞫治入法案件，多被大理寺推翻釋放；便奏請自置東西二獄，禁繫罪人。開元時候，崔隱甫奏罷台獄，仍歸大理。

三　三司會審　唐時中書省，門下省，御史台，名叫「三司。」朝日，御史大夫，中書舍人，門下給事中，坐堂受理寃獄，叫做「三司受事。」又同尚書省，刑部，大理寺，共同覆審疑獄，叫做「三司推事。」有時推事非由長官，僅由侍御史同刑部郎中員外，大理司直評事，共同審理，這叫做「小三司。」

第五節　地方制度和監察

第一款　地方述要

高祖武德元年，變更隋制，罷郡置州，改太守爲刺史；（只雍州置牧）然仍非察吏之官。太宗分天下爲十道；武后置台使八人分察天下。玄宗開元二十一年，分天下爲十五道，置採訪使以察吏民。天寶元年，改州爲郡，改刺史爲太守，自是以後，無甚變更。

第二款　監察的名稱和範圍

唐代州郡監察制度的變遷，略如下面：

一　台使　唐初監察的官叫做台使，隨事隨時遣派，沒有定員。武后時候定額八人，每年春秋兩次出視州縣，春曰「風俗，」秋曰「廉察；」並令鳳閣（即尚書省）侍郎韋方質刪定巡察條例四十八條，以憑遵守。延載以後，便不歲出，定須奉有詔勅方才出巡。

二　巡按使　中宗神龍二年，設各道台使二十人，定名爲巡按使，各以判官爲佐，擇內外官五品以下堅明清勁者兼充之，再歲而易。並定察例六條：

1. 察官人善惡；
2. 察戶口流散，籍賬隱沒，賦役不均；
3. 察農桑不勤，倉庫減耗；
4. 察妖猾盜賊，不事生產；
5. 察德行孝弟，茂才異等，藏器晦跡，應時用者；
6. 察黠吏豪宗，兼幷縱暴，貧弱冤苦，不能自由者；

這便是後代巡按使的始祖。

三　按察使　睿宗景雲二年，改巡按使爲按察使，定額十人。

四　按察採訪處置使　玄宗開元二年，又更名按察使爲十道按察採訪使。四年罷，八年復置；十年復罷，十七年又置；並令以六條檢察非法。但訪善惡舉大綱，細故委之郡守，毋須干涉。

五　觀察處置使　肅宗乾元元年，停採訪使，回復貞觀八年新置之黜陟使，更名為觀察處置使。掌宣化，觀風，錄囚，賑卹各政。後代之觀察使，卽權輿於此。

第六節　政績述評

御史大夫，在唐的時候，品秩最高。但也因為品秩高了，所以不專授也不常置，大概都是大臣的兼官和榮典。受這榮典的，也不一定要是勳貴名流。虜臣如安祿山，戚倖如楊國忠，酷吏如王鉷，奸佞如盧杞，都曾加過這個官銜。這可見當時原不把他當做甚麼一回事了。結果他的事蹟，恰恰有操之太刻和縱之太寬，兩個相反方面。

武后時代，來俊臣為御史中丞，以羅織為能事，大開告密之門，弄得朝士騷然，刑獄寃濫。長壽元年，嚴善為御史，覆案羅織之獄，至於引虛伏罪者，八百五十餘人。當時苛刻之情形，可以想見了。

另一方面，武氏之後，韋氏當朝。安樂公主和上官婕妤，賣官鬻爵，破壞官方，官吏不必經過吏部執奏，只有宮中墨勅便可遷授，冗濫淫汚。單說吏部李朝隱執駁的不合法官吏，一批便有一千四百餘人，朝廷風憲更何從說起呢？元載當國，所擬注的官吏，汚濫尤多，恐被劾奏；乃請別勅所除六品以下官吏，吏部兵部無得檢核，朝臣阿附，綱紀蕩然。代宗大曆六年內出制書，特任李栖筠爲御史大夫，不經宰相手上，令他專事糾劾奸邪，由是朝廷紀綱稍微整肅。

但當時除授得人，也頗有政績可紀；像徐有功在武后時代，獨能用法平恕，拜授御史，至於遠近聞風稱賀。又像紀履忠劾奏來俊臣的五罪；王義方廷叱李義甫朗誦彈文；他那種鯁直的風骨，尤其不易做到。

第十章　五代監察的沒落

第一節　司憲與中丞並設

五代台制，新舊史記載不全。我們把散見在本紀列傳上的彙集起來，可以知道：梁太祖是把御史大夫改做司憲，而在司憲之下仍設中丞。唐書崔沂傳『入爲御史司憲，糾繆繩違不避豪右』，晉書王權傳『梁祖革命御史司憲表權爲侍御史，俄拜御史中丞，』是也。然而御史大夫也不是沒有的。梁書末帝紀說，檢校太傅朱友能兼御史大夫上柱國，列爵爲王。這或許是貞明以後改制嗎？——不然便是兼銜。

第二節　中丞主台的實制

後唐官制多沿唐舊，御史大夫雖置而不常設。明宗天成六年以李琪爲御史大夫，這算是僅見了。但還不上兩月，爲着安重誨事件，辭職不幹。便改命盧文紀爲中丞，主持台務。大夫一職就此告終了，歷晉漢周都沒更變。

第三節　台臣出外的限制

後晉高祖天福五年，以御史中丞係清望之官，特地提高品秩，由五品陞做四品；七年把他列入令文。少帝開運三年，令御史除准式請假外，不得以細故請假離京，除差推案外不得以諸雜差遣出外。他的原因，是關係在顏衎的一疏。宋史顏衎傳說：

『朝臣纔除御史，旋授外藩賓佐，復有以私故細事求假外拜。州郡無參謁之儀，出入失風憲之體，漸恐四方得以輕易，百辟無所準繩。請自今藩鎮幕僚勿得任台官！親王宰相出鎮，亦不得奏充賓佐，非奉勑勘事，勿得出京，自餘不令釐雜務，詔惟辟召入幕，餘從其請。』

說的便是這些事。

第四節　省郎知雜

五代以來，知雜御史一職，多由省郎兼任。晉高祖天福三年以後，才停此制，詔用御史年資較深的人委充。少帝開運三年，復嫌僅由御史知雜，紀綱未峻，改由省郎中選任清慎强幹一人知雜。

漢周相沿未改。漢李知捐以左司郎中兼御史知雜，便是一例。

第五節　割據諸國的台制

五代割據諸國，關於御史制度，所可知道的：各國皆設中丞，只燕劉守光曾設御史大夫。南唐雖設御史，但在李煜乾德以後，却把御史台降稱御史府，想要借此尊崇中央，稍示區別，這是特例。

第六節　政績述評

五代諸藩割據，算是一個軍政時期。那時武臣的權力極重，台臣監察幾等具文。梁太祖時候，符彥卿在京都天津橋外捽死犯道的人民，御史司憲崔沂提出彈劾，太祖還替他出脫，結果僅僅降階做遊擊將軍了事。符氏方面，反聲言『有得崔沂之頭者賞百緡』，跋扈的狀態，躍躍如繪。後唐安重誨在御史台門外殺死殿直馬延，台臣畏怯不敢說話，激得大夫李琪只好三上辭呈，引咎去職。後晉張彥澤慘殺屬官張式，御史中丞王易簡率帶三院台臣詣閣交章論罪，高祖也只用了「不報」兩字消極對付他。這樣看來，據亂的監察，未免無聊得可憐。

但在瑣細儀節方面，他們却很講究：比方後唐莊宗同光初年，崔協拜御史中丞的時候，憲司舉奏，每以文字錯誤受罰；末帝時候，中丞盧損要矯正憲司頹廢，反因奏裏有『平明啓鑰，日出守端』的話，被人譏笑，說他詞理欠亨。舍掉憲台的大體不說，只曉吹求文字，他的結果當然會同唐明宗所說：『喪亂孔多，紀綱隳紊，霜威掃地，風憲銷聲』了。

入周以後，稍爲整飭紀綱。周世宗顯德二年，詔說『御史台官，任處憲綱，是擊搏糾彈之地，論其職分，尤異羣臣。』先把他地位提高，然後實行彈劾的權力。『凡逐官內所啓發彈舉者，至月限滿合遷轉時，皆責中書門下先奏取進止。』證之事實，如顯德三年，中丞楊昭儉知雜趙礪侍御史張糺都因鞫獄失實停職；陳州刺史陳令坤只因侍御史率汀按劾，便至流配。由是皂白分明，紀綱整肅，同時閩越御史中丞劉贊也因居職不會糾察受笞，這些在擾亂期中，確是很少見的。

第十一章　監察的復興時代——宋

第一節　宋的虛大夫制

宋時御史也分三院，名雖由御史大夫主持，而其實權則在中丞手上。御史大夫不是正員也不常設，只是一個加官的空銜。這個和唐制一樣，我們可以加他一個名稱，叫「虛大夫制。」

原來宋官不算正員的，有檢校，兼權，試秩三種。除試秩和這裏無涉外；三公，三師，僕射，尚書等職，多是檢校；御史各職，多是兼權。但在初時御史大夫也有檢校的。元豐改定官制，不但廢除掉檢校御史大夫，而且通通把憲官改授實職。不過御史大夫一職，仍是始終沒有除過。

中丞是事實的台長，員額一人，原有一定的資歷。若是才識可用，資歷不够，便先除諫議大夫，即以諫議大夫名義兼權中丞事務：這是宋初的舊例。神宗熙寧五年，鄧綰當知雜御史和龍圖館侍制。朝廷要把他陞做中丞，便要「非次」超陞諫議大夫，才得兼權；但這在宋朝事例是叫做「越級。」因此王安石便叫鄧綰率性只用龍圖館侍制名義，兼權中丞，打破了中丞的要經諫議的成例。元豐官制行後，所有憲職皆成職事實官，非用本官不得視事：由是兼權之制，也一起破除。

第二節　御史事例

御史職掌監察，大事廷辯，小事奏劾，這是通例。但在宋時還有幾個特點：

1. 台諫權限不分　宋前御史和諫議的分際很嚴：御史主彈劾，諫議主論爭，所以拾遺補闕，名叫「侍臣」；御史中丞名叫「法吏」，分工合作，很有法治的精神。到了宋朝以後，御史可以兼論朝事，諫議也可以兼任奏彈，事權混化，這便是「台諫」兩字連合一起的由來。孝宗淳熙十年，林栗請置左右補闕專任諫正不任糾劾，這才把諫官劃出監察門牆之外；然而台官仍是兼任廷諍的。

2. 御史未能獨立　御史大夫在唐時雖然也是兼職，然而台主中丞，仍然獨立。宋初御史長官，全由他官兼攝。鄧潤甫以宰相屬官兼任台長；徐禧以舍人院吏兼任中丞，對於行政之監察事宜當然有所拘忌。欽宗靖康元年，詔令宰臣不得薦舉台臣，這便是預防他們朋比爲奸和挽回積弊的意義。

3. 監察自身的監察　前代御史係監察的最高機關，他們只受君主的統制，別的機關都管不了他。宋時便不那樣，尚書省曾有『掌奏御史失職』的權能。神宗元豐六年，又在尚書省裏面，設立都司御史房，專任彈劾御史按察失職事件。元豐七年又在都司御史房置簿，記錄御史六曹糾察多寡當否，歲終比較成績高低，取旨升黜。理宗復詔置籍中書，紀錄諫官御史言事，歲終比較事績考成。這麼一來，御史的言論和舉動處處都受制限，便未免有吹求苛細免應格律的毛病。

4. 台臣兼任講官　舊時御史都不兼任講官，宋仁宗慶曆四年，爲着御史中丞賈昌朝擅長講說，特令破例一爲。自此便沿爲例，但這還是臨時聘充的。南渡以後，御史中丞王賓奏請重開講筵，高宗即令他兼講，由是王唐万俟卨羅汝檝等都曡主講筵，但這還只限台長一個。紹興二十五年，董德元僅以侍御史資格，也得參與講筵；隆興二年台臣尹穡便不但參與侍講，而且也兼任說書了。

第三節　三院組織的內容

宋的三院，仍用唐制：(一)台院——侍御史；(二)殿院——殿中侍御史；(三)察院——監察御史。現在把他分說在下面：

第一目　台院說要

宋時中丞以下，只有侍御史一人，還是或有或無不皆設置的。他們掌輔助中丞『糾察百僚姦慝，肅淸朝廷紀綱。』

中丞的除授資歷，前已說過；侍御史定例要由監察御史轉遷。

第二目　殿院

宋時殿中侍御史只有二人，定例由侍御史陞授。掌『糾百官儀法。』大朝會，祭祀，六參，各種時候，他倆便對立朝班，糾察失儀。

眞宗咸平四年，却令殿中侍御史在前列事件以外，還要兼任文武臣的「左右巡，」神宗元豐以後，又叫他們兼辦「察事」——也叫「察案。」由是殿院的權職，便侵入察院範圍以內。

第三目　察院

宋初置監察御史六人，寧宗慶元以後只置三人。他的政制：

(甲)職守　監察御史掌糾察六曹百司的謬誤，大事奏劾，小事隨時糾正。並以拜跪，書札，察驗參謝官的老疾。人民控訴官吏事件，經過郡守監各級還未伸雪，他便替他直牒閤門上殿論奏。

所謂監察「裏行，」便是官卑可以入殿的意思。

至於監察得兼論事，這也是唐以後才有的。宋神宗元豐三年，明令監察御史裏頭，三人分領察案，三人分任言事；他方面又令殿中侍御史兼察曹司，監察御史兼言得失，把諫臣察院殿院攔做一團，沒有分別。徽宗崇寧二年，省臣申明台官職在繩愆，這才停止了言事之例。但沒多久，察臣胡舜陟，又在靖康元年，奏說：

『監察御史，自唐至本朝皆論政事擊官邪。元豐紹聖著在令甲。崇寧大臣欲其便己，遂更成憲。乞令本台增入監察御史言事之文！』

欽宗准奏施行，察院權限便又擴充了不少。

(乙)陞轉　察官陞轉資格，原沒一定。神宗熙寧二年，詔由中丞奏舉不限資格，便是實例。三年時候，選人李定只因奏對稱旨，便拜御史裏行，省臣詫異起來，至於封還詔書不肯草制；但選人「擢察」之例，却由是開始了。直至孝宗乾道三年，才定下非經兩任縣令不得除授監察御史。

第四節　監察雜差

宋制台臣，除上列外更有：

1. 檢法官　主檢詳法律，宋初置。高宗紹興中，詔由殿中侍御史奏辟。

2. 主簿　漢時卽有此職，係以孫寶爲之，以後便無聞了。隋大業中，始再置。唐貞觀中，以名流張弘濟曾任此官，遂爲美職，掌台中雜務，公廨廚庫。宋置一人，掌受事發辰，勾稽，簿書。

3. 推直官　宋初置，專治獄事，有台一推，台二推，殿一推，殿二推那些名目。好像是分庭二審的。眞宗咸平中，置官十員，元豐以後罷。

4. 五使　宋初置。元豐以後更正官名，定官分職，「使」的名目便被取消。但在初置時候有：

1. 廊下使　專掌入閤監食；
2. 監香使　專掌國忌行香；
3. 監祭使　專掌祭祀儀法；
4. 左巡使　專掌巡視文臣朝班及告假祿料等；
5. 右巡使　專掌巡視武臣朝班及告假祿料等。

第五節　知州的設立和察臣的臨時派遣

日知錄裏有一條引葉適的話說：「五代之患專在藩鎮。太祖思靖天下，以爲不削節度則其禍不息；於是置通判以監統刺史而分其柄，命文臣知州事，使名若不正義若不久者以輕其權。」接着他自己也推斷說：「宋初本有刺史而別設知州以代其權，後則罷刺史而專用知州，以權知之名而爲經常之任。」這樣看來，宋的外官實在過於沒有系統了。原來刺史在前代原是監吏之官，隋以後才變做臨民之吏。宋初經過一番改革，便只『塊然徒守空城受詞訟』連臨民之權都不得專。太宗太平興國時候，詔廢支郡，根本便沒有刺史這個官名。跟着監察的責任，也變成沒有專屬。據宋史所載，有：

1. 轉運使　太平興國元年詔諸轉運使糾察吏之能否第爲三等，歲終以聞，是轉運使也可以兼任察吏的事務。至仁宗慶歷中，便逕直由他兼任按察使了；但這都不是常例。

2. 觀察使　唐的觀察使原是察吏之官。宋初沿襲唐制，也有觀察使這個名目，但多由他官「遙領，」所以續通志說他『存其名而不有其權。』

3. 按察使　設廢無定。

4. 外任御史　這是察院臨時派往州郡巡視的。

第六節　政績述評

宋時台諫的權際不分，台官事績見諸言事的多，見諸察吏的少，處事模稜，絕鮮風憲。仁宗皇祐時代，政治也可以算是清明的了，然而御史孫抃在皇祐五年手疏裏，說：

『方今人士，以善求事爲精神，以能訐人爲風采。捷給者謂之議論，深刻者謂之有政。』

張昇爲御史中丞，被人稱做『指切時政無所畏避』了；他也說：

『陛下之臣持祿養望者多，赤心爲國者少。』

風憲的鬆懈，可見一斑。神宗元祐以後，朋黨大興，御史大臣也捲入黨同伐異的漩渦裏面。黃履爲御史中丞，報復仇怨，元祐黨人無一幸免。與蔡確章惇邢恕交結，被人稱做「四凶」。自是以後，御史彈劾多以黨見爲標準。寧宗慶元元年，至於下詔台臣論奏不得更及舊事，蓋亦深鑒於黨見之貽害了。別的，吳執中爲御史中丞勾結蔡京，盧航爲御史中丞勾結童貫，龍如淵爲御史中丞勾結秦檜，只曉得挑剔異己，做門戶的走狗，他的眼裏那裏有「風憲」二字。理宗時候，賈似道當國，便利用這個弱點，特地銓遣庸儒，充任台臣。弄得彈劾不敢自由，只好向着遠州太守或州縣小官，『毛舉細故，虛應故事。』監察的威權日趨低落，一直到了亡國才止。

　裏頭號稱得人的時候，像包拯呂公著司馬光蘇轍等，充任台官，都饒有聲譽。邵康節為中丞，被人稱做「眞御史」和富韓的宰相，歐陽的內翰，通叫「三眞」。孫抃為中丞，薦拔無私，嘗說：「昔人恥為呈身御史，今我豈薦識面台官？」一時傳為佳話。

第十二章　遼金監察的仿製

第一節　遼制舉要

第一款　南北面官的分立

遼的官制，原分南北兩院。北院「治宮帳部族屬國之政，」叫北面官，也可以說是他們的本色官。南院「治漢人州縣租賦軍馬之事，」叫南面官，這是模倣漢人纔設的。世宗兼併燕代十六州以後，便有南面各官。太宗入汴，兼制中國，南面之官纔備。御史台便是南面官的一種。

第二款　台司的歧形並峙

遼的台長官也叫御史大夫，副官也叫中丞，屬官也叫侍御史，同列一台。台外另有一個殿中司，其實卽是唐宋的殿院，不過不曾獨立罷了。司裏的長官叫殿中丞，管轄尙舍，尙乘，尙輦，尙食，尙衣五局。各局又設一個奉御主理。說起奉御這官兒，唐宋也不是沒有的；但他只在殿中府裏辦理雜務，全和監察沒有相干。遼制却把他列入司中，算做監察官的一種。

第三款　監御在京在州的不同

上面所說都是本台的組織內容，說到外台的州郡監察，遼時是這樣的：

1. 在諸京的有（甲）五京處置使；（乙）中京按問使兩種。
2. 在方州的有（甲）觀察使，他和京使都設有「司」。

以上兩種都是常設的。

（乙）分決滯獄使　聖宗統治三年邢抱樸等五人馬守瑛等三人分決諸州滯獄便是。

（丙）按察諸道刑獄使　聖宗開泰五年遣劉涇等分路按察刑獄便是。

（丁）採訪使　太宗會同三年，以干骨隣為採訪使便是。

以上三種都是臨時配遣，沒有專官。

第四款　政績述評

遼御史大夫只是「三師」的一員，和監察職務原不大相關。中丞雖以監察爲專職，但在治獄以外，也很少成績可言。史載耶律儼爲中丞，詔察上京滯獄多所平反；蕭思護由中丞遷御史大夫，亦以窮治諸王之獄稱旨；這便是他的例證。州郡方面史志所稱某某平理庶獄採摭民隱的很多，其實也只注目在刑獄一門。

第二節　金制發凡

史志雖說「金景祖始建官屬，自成一國，」但還不脫酋長時代的遺留。熙宗更定官制，這才遼宋並用。海陵正陵以後，又把官司分做院、台、府、司、寺、監、局、署、所、九個階級，模倣宋制，借着吸收漢族的文明。

第一款　台的組織

遼的御史，便是前面所說九個階級裏面的「台」。台的內容是：

1. 台長　御史大夫和中丞是，但都沒有定額也不常設。他的職掌是（一）糾察朝儀，（二）彈劾官邪，(三)勘鞫公事，(四)覆讞大獄。

在大夫制底下，中丞不過是個副貳，原沒用印的必要。世宗大定廿四年，鑄造中丞印信，使他可以獨立辦事，這在前朝是沒有的。

2. 台官　侍御史，治書侍御史，殿中侍御史是也，侍御史定額二人，史志說是『掌奏事判台事，』既名曰「判」，那末在大夫中丞闕額時候，當然可以代理做台裏的主人了。治書侍御史定額也只二人，他的職務和普通侍御沒有多大分別。殿中侍御史仍是二人，他的職務是掌理糾察朝儀和百官請假事項。官僚告假，要向他說明理由，具「奏目」進奏。天子坐朝的時候，他倆還要分立龍墀維持秩序。

3. 吏員　金時御史台的屬吏有：

一、典事二人　即唐宋的主簿，掌理文書。

二、架閣庫管勾一人。

三、檢法四人　宋時亦有此官，即掌勾稽簿籍者。

四、獄丞一人　看守台獄。

五令史女眞籍十三人，漢籍五人。

第二款　監察御史的選授和年資

金制關於監察御史方面，規定頗多。現在把他分做職掌，陞黜，年資，三方面來說：

一、職掌　金的監察御史共有一十二人，分掌下面各種事務：

1. 糾察內外非違，刷磨諸司。
2. 察帳。（稽核財政）
3. 監祭禮。
4. 出使。（巡視州郡）

二、陞黜　金監察御史原由尙書省疏名進呈選授。他的陞黜也由尙書。台長不過保留着考核敍列「解由」送省之權。章宗卽位，雖曾改革舊例，令御史可以舉台官，也可自行奏罷，但不到明昌二年便又復古了。裏頭稍微不同的，只是台官缺出，台長可以擬擇三人送省圈定罷了。

宣宗貞祐二年，制定監察御史的黜陟格，以察得小事五件大事十件爲「稱職，」察數不及而又沒有切務爲「庸常；」所察事件有兩件以上不實便爲「不稱職。」稱職的陞擢；庸常的臨時取旨；不稱職那只有降除了。

三、年資　金監察御史，頗重年資。世宗大定二十七年以前，監御人員定例要在六十歲以上，後因他們多至年老廢事，纔設定一個例外，倘是廉幹人員，雖在六十以下也得選取。

第三款　屬院附記

金時受台官管轄的，還有三院：

一、登聞檢院　掌奏尙書省御史台理斷不當事。

二、登聞鼓院　掌奏御史台登聞檢院理斷不當事。

這兩院原是『奏御進告』御史的機關，宋時都屬門下省。金制卽把他附屬在御史裏面，這是很特別的。

三、審官院　金制除授隨朝六品，外官五品以上，都要送到審官院審査，補闕拾遺雖在七品以下，但以職務重要也要送審。倘審有擬注失當的所在，便上御史台官論列。這審官院創設在章宗承安四年，終止在衛紹王大安二年，存續期間不上九年，這是很可惜的。撤廢以後，他的審查職務，便併入台官。

第四款 察郡的官司與風氣

第一目 官司的變遷

金時監察州郡的官吏，於御史以外，還不時派遣他臣，分說起來，便是：

1. 審錄官 金制每州設置刺史一人，紀綱全州事務，並隨時派遣監察御史和審錄官分詣諸州考覈。熙宗天眷三年，溫都思忠廉問諸路，得廉吏杜遵晦以下百二十四人，貪吏張軫以下二十一人，這便是他的成績了。

2. 暗察御史 有時爲着預防矯飾，派遣密使，微行州郡，名叫「暗察御史」和諸郡察官並行不悖。這便是『暗察明訪』的來源。但這都是臨時委任，不設專官的。世宗對人說：「常設訪察，恐任非其人，以之生弊，」便是重要的理由。

3. 提刑司　到了大定二十九年，世宗又設置提刑司，分按九路刑獄；同時採訪的事務也由他兼行。

4. 按察司　章宗明昌四年改提刑司做按察司，由是監察漸有專職。

5. 御史巡視　宣宗貞祐二年南遷以後，各州政務愈多，監察事情歸由御史擔任巡視。起初還不過一年一巡，興定元年以後改做一歲兩巡，並於監察御史以外，更令他官巡訪。但這都是後事，暫且不題。

6. 監察採訪使　貞祐三年，又以按察司空立機關沒有成績，便把這個「司」撤廢了，只留下監察採訪使一人，掌察刑獄以及糾劾濫官汚吏豪猾，巡查私鹽酒麴諸務。同時廷臣也要求恢復監御史審錄官分察諸州的舊例，由是「明訪暗察」的故事，又稍稍興復起來。

7. 司農分察　哀宗正大元年，設置司農，令卿以下的朝官，都要出外巡行察吏，監察之網，遂入了最密的一個時期。

第二目　鎮靜風氣的移轉

金初監察風氣以「鎮靜」爲主，這是受了世宗的影響。他說『大臣時出，郡縣動搖，誰敢行事？』又定下監察的考格，把鎮靜知大體的叫「稱職，」苛細闇大體的叫「不稱。」弄得各路官吏都放縱自由不知畏法，巡按按期出視也不過奉行故事而已。

第五款　御史的督責和保護

金時對待御史很嚴，他的權職又很重，所以監察頗有成効。世宗大定二年勅御史台檢察六部文移稽遲失當，打破官僚窳腐的惡習；又勅三公以下善惡邪正，御史皆當審察，藉以打破朝貴的瞻徇；這都很有振作的氣象。倘是官吏發現貪汚，糾彈之官知情不舉，便要減犯人一等推科；倘是不知情而失察，又要以怠慢治罪。這是世宗大定九年，和章宗泰和四年明白規定過的。

另一方面，又定下保護的方法：如章宗明昌四年，令御史台奏事，雖是脩起居注官，遇着也要迴避。宣宗貞祐五年，又詔監察御史有所彈奏，雖是同列也不得與聞。這都是為他保守秘密的緣故。

至御史不與外人見面的禁制，那是章宗即位時候才改定的。那時御史台官奏說：

『御史不與外人相見，親王宰執怙勢之家，倘有私弊，何從訪知？民間利害，官吏罪惡，亦何從得見？」

章宗覽奏，便把禁令放鬆，准許台臣接見四品以下的官員；但三品以上大官，仍是不能晤見的。

第十三章　元代監察的異制

第一節　總說

拓拔氏發祥在蒙古地方，部落散處，原沒宮室城郭的可言。所以政治極形簡陋，尚在初民榛狉的時期。他們把主軍旅的叫「萬戶」，主刑政的叫「斷事官」，只要數人便夠管理，自然沒有甚麼監察機關了。吞併金國以後，便漸漸沿用金官，和中原文化接近。世祖即位，漢人劉秉忠許衡爲他擬定官制，設中書省總政務，樞密院總兵柄，御史台總黜陟，才成立了中樞的三大機關。（明三府本此）

第二節　本台組織的內容

元御史台創立在世祖至元五年，主糾察百官善惡政治得失，這個都和前代一樣。

他的職屬有御史大夫二人，中丞二人，典事二人，檢法一人，獄丞一人，經歷一人，照磨一人，架閣庫管勾兼承發一人；但都時有時無，不能定準，比方御史大夫，原先就只一人。

他的屬司有二：

一、殿中司　沿用遼名，其實就是唐宋的殿院，裏頭有殿中侍御史二人，治書侍御史二人。他的職屬，又有知班通事，譯史各一人。所掌事務如下：

1. 朝儀　大朝會百官班序失儀失列，便糾罰他；

2. 假告　在京百官到任假告等事，出三日不報，便糾舉他。

3. 奏事　大臣入內奏事，他便隨入宮廷，有不可與聞的人，便糾避他，

二、察院　元的察院，雖然附在御史台裏，却不受他的統制，算是一個獨立機關，專司「天子耳目」。共有監察御史三十三人。（元史作三十二人依通典改查至元五年置十一人八年增六人十九年增十六人適如前額）他的屬員，各有書吏一人。

第三節　御史行台的創制

唐肅宗至德時候，有個東京留台，以中丞為台長。宋都汴京時候，在西京洛陽也設立留司御史，名叫西台。這便是行台的遠祖。金熙宗皇統二年，也曾制定行台官品，不過金史簡略，沒有甚麼記載罷了。元世祖十四年，為着江南政務紛雜，便置行御史台，外統憲司，內比內台，別開監察的生

面。二十七年增置陝西諸台行台，順帝至正二十五年又增福建分台一所，現在把他分述如左：

(一)江南道行御史台亦稱南台

正官　大夫一人　中丞二人　侍御史二人　治書侍御史二人

屬官　經歷一人　都事二人　照磨一人　架閣庫管勾一人

承發兼管勾獄丞一人　史令十六人　譯史四人

回回掾史二人　知印二人　通使二人　宣使十人

典史　庫子　台醫無定額

察院一署　監察御史二十八人　書吏二十八人

監察江南湖廣三省，統制浙東十道。初設揚州，繼設杭州，又遷江州，終遷建康。順帝至正十六年，移至紹興。

(二)陝西道行御史亦稱西台　正屬各官略同南台

察院一署　監御書吏各二十八人。監陝西一省，統制漢中隴北四川雲南四道。初設雲南，後移陝西京兆。

(三)福建分台　順帝以後，變亂時起。湖南湖北廣東廣西海北江西福建等處，文書送至南台，風信不便，直送內台，又無先例。御史大夫鄂勒特穆爾便奏在福建設立分台，再由分台轉奏入內。官制未詳。

第四節　台道的監察和分配

元時臨民長官，分做路、府、州、縣四級，各有「達嚕噶齊」（譯言令長）主持事務；但皆受「行省」的監督。尤其行台是『監臨各省統制諸道』的專官。甚麼叫行省呢，那便是由內省分出的行轅。甚麼叫「道」呢？那便是提刑按察司巡視的區域。元初只有四道。(一)山東西，(二)河南北，(三)山北東西，(四)河東陝西。以後逐漸增加，並須定按察司巡行郡縣法例。至世祖至元廿八年已有二十二道了；同時改按察司做肅政廉訪司，每道設正使二人，副使二人，僉司四人。正使留京常住，餘官按時分巡，無論民事錢穀官吏姦弊，都歸他們視察。年終台省派員考核成績，同時行台大臣，也回京報告舉劾數目一次。

現在再把各台的轄地列表在下面：（這表是福建分台未設以前的情況）

台別	道別	置司處	道別	置司處	道別	置司處
內台八道	山東東西道	濟南	河東山西道	冀寧	燕南河北道	眞定
	江北淮東道	揚州	山南江北道	中興	淮西江北道	廬州
	江北河南道	汴梁	山北遼東道	大寧		
南台十道	江東建康道	寧國	江西湖東道	龍興	江南浙西道	杭州
	江南湖北道	武昌	浙東海右道	婺州	嶺北湖南道	天臨
	嶺南廣西道	靜江	海北廣東道	廣州	海北海南道	雷州
	福建閩海道	福州				
西台四道	陝西漢中道	鳳翔	河西隴北道	甘州	西蜀四川道	成都
	雲南諸路道	中慶				

第五節　監察事例

第一款　蒙漢的歧視

元時種族之見甚深，政軍大臣非蒙族不用，尤其忌嫉漢族中的南人，所以當時有「南人不可爲相」的話。反映在監察上面的，便是御史大夫須用國姓。至於次要的御史，反限定只用漢人，借着掩飾耳目。順帝時候漢人賀惟一眞除御史大夫，可算是一種殊遇。但還要賜姓拓拔，更名太平，保全這個習慣。御史方面，在至元十八年早就依了崔彧的話，參用蒙人，不屬漢人的專利了。

但漢人中的南人，還被他擯在台司門外。至元廿三年，學士程文海奏說，省院諸司皆有南人，御史台按察司不必殊異。世祖便令文海由侍御史權行台事，採訪江南士人。由是一時知名，如趙孟頫趙孟適葉李等二十多人，都登台選。

第二款　台選的獨立

台官的選任，元初沒有規定。世祖至元十九年，中丞崔彧爲着舊時之選權出中書，未免有偏黨的弊洞，便令省台獨立一選。台臣用舍之柄，都屬大夫；只肅政廉訪司，還有由省臣請求內旨特用之例。到了成宗大德十一年，御史要求完全停廢。成宗答他說：『若此者，卿等當執勿與！』自是台選便完全獨立，雖以皇上至尊，也無由干與了。

第三款　風憲的尊嚴

元時御史，頗受倚重。世祖丞相僧格恨御史不肯幫忙，在世祖面前說他『戇傲沮法。』世祖反獎重了他說，這樣才算盡了御史的職務。隨後僧格的罪跡暴露了，世祖又以台臣知情不肯說話罷黜很多。這樣看來，世祖對於台臣的權責，確是絲毫不肯假借的。

英宗即位，也令御史大夫振頓台綱，下詔說：

『朕深居九重，臣下奸貪，民生疾苦，豈能周知？故舉卿等爲耳目。』

這是重視台臣的一個表示。順帝時候，親王阿魯圖給御史誣衊了一場。阿魯圖不肯計較，還說：

『今御史劾我，我卽宜去。御史乃世祖所建，我與御史抗，卽與世祖抗。』

便辭去相位不幹。這雖未免矯枉過正，但當時倚重的情形已可概見了。他的反動方面便是權臣屢想推翻祖制，減輕御史的威權。元史廉希憲傳有這麼一段：

『呵哈瑪言庶務責成各路，錢穀責之轉運，若必任御史繩治，事何由辦？希憲曰：立台古制，裨益國政，無大於此。若欲罷之，必上下專恣，貪暴公行，而後可耶？』

續通鑑裏頭也說：

「江淮省臣有忌台察者，欲行台隸行省，詔廷議。兵部董文用持不可，曰：御史台譬如臥虎，雖未噬人，人畏其虎。一旦摧抑，則風采薾然。遂罷。」這都是當時想要摧陷台臣的痕跡。

第四款　台臣遭陷之多

元的丞相大臣，被御史彈劾去職的固然很多；但受他的反噬，也不少。世祖至元時候御史陳天祥爲彈劾納蘇穆爾貪暴下獄，南台中丞劉宣爲彈劾蒙固岱悍恣自殺，同時台臣坐罪的且至六人。仁宗時候，中丞楊多爾濟爲彈劾特們德爾姦贓被殺，順帝時候西台范文劉希等爲着彈劾額特穆爾喪師辱國貶謫外郡判官。中台大夫老的沙爲着彈劾宦者托歡畏罪逃避。同時傅公讓陳祖仁等也坐是左遷了。

第五款　察吏政績

州郡方面，成宗遣使巡視天下罷黜貪賍一萬八千四百七十三人，審察冤獄三千一百七十件；順帝時候廉訪使蘇天爵中丞定定巡視京畿，罷黜九百四十九人，與除七百八十三事，給人稱做「包韓」這些都是很可驚人的數字了。然而吏治的昏庸，却不見得減除了多少；史裏頭說：『英宗承平日久，內外以觀望爲政。』又說『順帝用人非次，不作倫紀，諸道奉使皆與台諫交相掩蔽』。吏治的不振，怕就是這些原因？

第六款　台司人品

世祖至元時候，董文用做中丞，胡祗遹王惲等十多人充監察，徐琰魏初充行台中丞，一時稱爲「極選。」順帝時候，額琳沁巴額做御史大夫，盡選中外廉能置諸風憲，一時稱爲「得人，」拔茅連茹這是一定的事例。

當時御史大臣的品節，好的如大夫布哈爾福壽中丞穆丞均能爲國殉難；壞的便如多爾海特克錫竟至以御史大夫謀逆弑帝了。

第十四章　都察院的監察時代——明清

第一節　明

第一款　台察的合併

明時有「三府七卿」的名目。三府便是中書，都督，和御史；七卿便是都御史，和六部尚書。太祖嘗說：『國家立三府，中書總政事，都督掌軍旅，御史掌糾察，朝廷紀綱盡繫於此，而「台」「察」尤清要。』這可想見當時對於御史的重視了。——台是御史台，察是察院，入元以後本已分立。太祖洪武十三年罷御史台，設都察院，便把台察合併爲一個機關。

第二款　都察院組織的內容

都察院的長官爲都御史。洪武十八年，置

左右都御史各一人，同於前代的大夫；

左右副都御史各一人，同於前代的中丞；

左右僉都御史各一人，同於前代的侍御史。

他的屬官有：

經歷一人，都事一人，司務廳司務一人，司獄司司獄一人。

至於前代的治書侍御史殿中侍御史等職，在洪武九年未經設院以前，早就裁廢，歸由監察御史管理。

惠帝建文二年，復設御史府置御史大夫，並分監察爲左右兩院，想要回復台察並立的局面。不久，成祖建極，便又遵循洪武舊制，一直沿用到清都沒更換。

第三款　都御史的職權

明都御史的職權，賅括說起來，只是『專糾百司辨明冤枉』八個大字。具體些說便是：

(1)凡大臣姦私搆黨作威福亂政者劾；

(2)凡有官猥茸貪冒壞官紀者劾；

(3)凡百術不正上書陳言變亂成憲希進用者劾；

(4)朝覲考察同吏部司賢否黜陟；

(5)大獄重囚會鞫外朝同刑部大理讞平；

(6)奉勅內地拊循外地各專其勅行事。

第四款　院官的選補

明朝選官的途徑，(1)進士，(2)舉貢，(3)吏員，這叫做「三途並用。」但台官職居清要，單用吏員是不行的。永樂時候，吏部選用南京御史，有些只係吏員出身。成祖察知便行革斥，並對吏部說，『御史紀綱朝廷須有學問，』下令不得再用吏員。因是風憲流品，漸臻嚴肅。

他的簡拔有「考選」「行取」兩途：考選由進士舉監，行取由推(推官)知(知縣)行(中行)博(評博)。但皆有「試補」之例，通要試職一年，才得實授。此外還有上官薦引，吏部銓陞各種；倘會認眞起來，未始不是得人的途路。

第五款　各道監御的職責和道的分配

明代地方制度分府縣兩級：州的直隸者同府，散州同縣，皆受都察院的監察。各道監察御史直屬於都察院，名額之多有至一百一十人的，這可說是極一時之盛了。現在把他分說在下面：

第一目　監察總綱

各道監察御史的職權，據明史所載，是『糾察官邪，明密奏劾。』但在奏劾時候，要注意下列各點：

(1)明著事跡；
(2)開寫年月；
(3)毋虛文泛詆！
(4)毋訐拾細瑣！

定例每年八月出巡，事畢歸院。由都御史以上列標準覆劾成績。

第二目　京外權職的不同

各道監察御史的糾察總綱，前面已經說過。但他們的辦事細目，却因在京在外有所不同。分說起來，便是：

(甲)在京的　明初定鼎南京。成祖遷入北京，仍以南京為陪都，設立特別官職，留置右都御史，副都御史僉都御史各一人，和北京約略相同。因此監察御史，對於南京也有特別任務。現在再把兩京監察御史的所管事件，分說在下面：

(1)兩京刷卷；

(2)巡視京營；

(3)監臨鄉會試及武舉；

(4)巡視光祿，倉場內庫；

(5)巡視皇城五城；

(6)輪直登聞鼓；

(7)朝會糾儀；

(8)祭祀監禮。

(乙)在外的　在外監御機關，初稱行在都察院。英宗正統以後除去「行在」二字，只稱都察院，便和京職相同。他的辦事細目，是：

(1)巡按　這是他代理天子巡視四方的最大節目，所以當時有「代天巡狩」的名銜。所至審錄罪囚，弔刷案卷，大事奏裁，小事立斷。

(2)清軍　偕兵部兵科共同辦理。

(3)提督學校　這個也兩京才有。

(4)提督操江　以副僉都御史爲之，領上下江防事。

(5)巡鹽　兩淮兩浙長蘆河東等處均有。

(6)茶馬　只限定陝西一道才有。

(7)巡漕巡關　宣宗宣德四年還特別關鈔御史，專管關務。

(8)儹運印馬　這是臨時派遣的。

(9)監軍　仝上。

(10)雜差　英宗正統十一年，令御史柳華討礦盜；景帝景泰四年命御史徐有貞治沙灣決河，天順三年命御史採珠廣東，這些都是。

第三目　各道的配置

明時共分中國爲十三道，設置一百一十個道員，分掌各道。

(1)浙江道　(2)江西道　(3)河南道　(4)山東道　以上道員各十人

(5)福建道　(6)四川道　(7)廣東道　(8)廣西道　(9)貴州道　以上各七人

(10)陝西道　(11)湖廣道　(12)山西道　以上各八人

(13)雲南道　道員十一人

第四目　藩臣兼銜御史

明的行在都察院御史，有的由藩臣加銜兼任，有的由御史外放兼任藩臣，弄得察史問題，有名無實，這不能不算是一個闕點。現在把他分說在下面：

(1)總督　藩臣裏頭「轄多任重」的特別名叫總督，原用尚書侍郎簡放；但必須兼個都御史名銜，使他可以「方便行事。」

(2)巡撫　巡撫的名目，是由懿文太子巡撫陝西來的。他的職務在於巡視地方和宣佈德意，原非常置之官。憲宗成化以後，漸漸變做常員。有時還使他坐鎮一方，便更名「鎮守。」但鎮守侍郎和巡按御史職任分歧，品級相若，於移文上很有不便；因此又把巡撫定爲都御史名銜。

(3)提督　巡撫有的地方兼任軍務便名「提督。」這個照例也要加上都御史名銜。

(4)贊理或參贊　這都是總兵的巡撫的特別名稱都御史的兼銜當然也是有的。

(5)巡視　這是因事特設的專員，多半都由御史外放。

(6)撫治　憲宗成化十六年鄖襄兩次流民屢次叛變朝廷便遣御史出外安撫，名叫撫治。

(7)經略　萬曆時候，倭寇侵略高麗。神宗便命御史用經略名義督兵援助。

(附案)春明夢餘錄曰：天下設巡撫都御史，洪武未有也。太祖不欲以重臣典錢糧兵馬。……宣德間令巡撫官八月一赴京議事蓋不欲疏逖以懸機重。……自是則曰整飭，曰提督曰總制，曰鎭守，又復典兵部尙書侍郎之職，兼都御史。百僚蠢將，俯聽一人之謀，似於兼制稍疏；故以巡按參稽之。然表裏異同，痛癢不相關，而司鋒鏑者每掣肘不能自盡。近年失事，並罪撫臣，誠得肯綮矣。

第六款　院臣遭抑的歷史

明太祖政尙嚴苛，御史風氣爲之一變。當時頗以抨擊爲能，只有中丞章溢務持大體。成祖時，御史陳瑛尤甚，劾治建文死難臣士，株連數百餘家，至兩列御史皆爲掩泣。他說『不治此獄，則吾輩無名，』是在殘酷裏頭，還夾有其他作用了。自是以後，朝廷每有權臣，御史頗難峻立，裏頭足夠稱道的，有：

周新遇事敢言，不避權貴，被人叫做「冷面寒鐵；」

顧佐公廉有威，奏黜不法老疾御史至於三十二人，朝綱振整，百僚畏避。他每次入直，獨坐夾室，不與百司攀談，因此被人叫做「顧獨坐；」

楊瑄忠諫名聞天下。論治石亨曹吉祥罪狀，景帝稱他做「直御史。」

但這三人，除顧佐以外，周新便爲着糾彈紀綱死在他的手上；楊瑄便爲着曹石事故，慘遭榜掠，而且累及同官張鵬羅綺耿九疇諸人。尤其李儼只因和王振應對不跪，便要下獄貶謫；湯鼐只因劾及大臣，便受劉吉誣陷。天順時候，巡撫李藩巡按御史楊璡韓祺也都是中臣誣奏逮死的。嘉靖時候，御史儲良材鄭自璧也因了「權倖側目」便遭黜斥：諸如此類，俯拾卽是。

最明顯的，是劉瑾用事，好摧台諫。都御劉宇便附和着他，每借小事笞撻台臣，挫折正氣。張居正爲相，存心痛抑御史『事小不合，詰責隨下；』遂使監察的威嚴降落，院臣成個冗員。

更有一事，便是世宗嘉靖時候，託言祖制，下詔科道官互相糾劾，由是吏部可以侵犯監察的職權，院臣備受牽制。神宗萬歷以後，朋黨之見已成，『南北台議論嚻然，各有左右，』風憲的愈趨下況，更不待言了。

第二節　清

第一款　院臣的名職

滿清未曾入關以前，都察院衙門裏面有參政一員，左右承政兩員，理事等官數員，共同辦理。入關以後，改用明制，設都察院。左都御史一員，左副都御史滿籍漢籍各一員，專掌風憲整飭紀綱。更有左僉都御史和滿洲啓心郎滿軍啓心郎等，甫立卽廢，無可紀述。

右都御史，右副都御史　在清朝全是各省總督和巡撫的坐銜，沒有專官。實際上那時監察的全權，都操在左都御史手上。他的權限：

1. 政事得失，官方邪正，以及有關國計民生的利害，皆得奏陳。
2. 大獄重囚，協同刑部大理等審讞。

第二款　科道制的由來

清時都察院直轄的有六科十五道。負責六科的是給事中；負責十五道的是監察御史。這便是清朝所謂「科道」制的了。原來給事中這個官名，自漢朝以來就有了。因爲他在殿廷裏頭辦事，所以叫給事中；又爲他出入瑣闈，又叫黃門給事；又爲他是門下省侍中所領，所以又和中書省中書通叫省臣。唐宋以來曾有封駁奏書之權，原是個很權要的官職。給事侍中是省，御史是台，古來台省分途，所以科道也不能合攏在一起。明朝時候，廢掉門下省不設，只設六科掌督中書六部事務。御史監察百司職居於外，六科宣行制勅職居於內，仍是風馬無關。清室初年還是因沿明制。至世宗雍正元年，詔把六科的內陞外轉，歸由都察院考核，漸開台臣干與六科之例，但也只限銓敍一門。那知事例一開，漸移默換，台臣竟把六科和各種侍御一律統制起來。由是「科道」便併合一起，成立了這個特別名詞。這是清朝院制變更的一個關鍵，所以不妨在此多說幾句。

第一目　六科的工作分配和封駁特權

第一項　工作分配

六科卽中書六部的縮寫。他的工作分配：

(1)吏科　設掌印給事中，亦名都給事中，滿漢各一人；給事中亦名左右給事中，滿漢各一人。掌（一）分稽銓衡，（二）

注銷吏部順天府文卷。

(2)戶科　掌印給事中，滿漢各一人；給事中滿漢各一人，掌(一)分稽財賦，(二)注銷戶部文卷。

(3)禮科　掌印給事中，滿漢各一人；給事中滿漢各一人，掌(一)分稽禮典。(二)注銷禮部，宗人府，理藩院，太常寺，光祿寺，鴻臚寺，國子監，欽天監，文卷。

(4)兵科　掌印給事中，滿漢各一人；給事中滿漢各一人，掌(一)分稽戎政，(二)注銷兵部，太僕寺，鑾儀衞，文卷。

(5)刑科　掌印給事中，滿漢各一人；給事中滿漢各一人，掌(一)分稽刑名，(二)注銷刑部，通政司，大理寺，文卷。

(6)工科　掌印給事中，滿漢各一人；給事中滿漢各一人，掌(一)分稽工程，(二)注銷工部文卷。

第二項　封駁特權

六科除了上面列舉各職外，朝廷意旨他們認爲不便施行的，可以「封還」「執奏；」部院督撫奏章，他們認爲未協情理的，可以「駁正題參」以及朝政的得失，百官的賢佞，他都有權處置，只有大事須待奏覆而已。這樣看來，他的監察權力委實比誰都大。

第二目　六掌道的偏勞和十五道的配置

第一項　六掌道和坐道

滿淸初時有「掌道」「坐道」的名稱。掌道爲他旣察在京諸司，復舉本道事務，職掌甚煩，非同坐食，如河南山西浙江山東陜西河南六道是也；所以又名「六掌道。」其餘各道，通叫「坐道；」爲他在京坐食，不理本事，徒戴空銜而已。高宗乾隆十四年，釐正官規，按道定額分職給印視事，由是有十五道的配置。

第二項　十五道的職守

淸初滿洲蒙古的御史都沒分道。高宗乾隆十四年，方才把地方行政區域分做一十五道，指定監察御史分道巡察，但都兼理京職一種以上。

(1)京畿道　設掌印監察御史滿漢各一人，監察御史滿漢各一人。所掌如左：

(甲)本職　掌理本院事務，及直隸盛京刑名。

(乙)兼職　稽察內閣順天府大興宛平各縣。

(2)河南道　掌印御史監察御史員額同前。他的職掌：

(甲)本職　掌理河南刑名。

(乙)兼職　一、照刷部諸司卷宗；二、稽察吏部詹事府步軍；三、統領五城。

(3)江南道　掌印御史同前監察御史漢滿各三人。他的職掌：

(甲)本職　掌理江南刑名；

(乙)兼職　一、稽察寶泉局左右翼；二、監督在京十有二倉；三、總督漕運；四、磨勘三庫月終奏銷之數。

(4)浙江道　掌印御史同前；監察御史滿漢各一人。他的職掌：

(甲)本職　掌理浙江刑名，

(乙)兼職　稽察禮部都察院。

(5)山西道　員額同前。他的職掌：

(甲)本職　掌理山西刑名。

(乙)兼職　一、稽察兵部，翰林院，六科，中書科；二、總督倉場，坐糧所，大通橋；三、監督通州二倉。

(6)山東道　掌印御史同前，監察御史各三人。他的職掌：

(甲)本職　掌理山東刑名；

(乙)兼職　一、稽察刑部太醫院；二、總督河道；三、催比五城命盜案牘並緝捕。

(7)陝西道　員額同前，職掌：

（甲）本職　掌理陝西刑名。

（乙）兼職　一、稽察工部寶源局，二、覆勘在京工程。

（8）湖廣道　員額同前，職掌：

（甲）本職　分理湖廣刑名。

（乙）兼職　稽察通政司，國子監。

（9）江西道　員額同前。職掌：

（甲）本職　分理江西刑名。

（乙）兼職　稽察光祿寺。

（10）福建道　員額同前。職掌：

（甲）本職　分理福建刑名。

（乙）兼職　稽察太常寺。

（11）四川道　設掌印監察御史滿漢各一人。他的職掌：

（甲）本職　分理四川刑名。

(乙)兼職　稽察鑾儀衛。

(12)廣東道　員額同前。職掌：

(甲)本職　分理廣東刑名。

(乙)兼職　稽察大理寺。

(13)廣西道　員額同前。職掌：

(甲)本職　分理廣西刑名。

(乙)兼職　稽察太僕寺。

(14)雲南道　員額同前。職掌：

(甲)本職　分理雲南刑名。

(乙)兼職　稽察理藩院，欽天監。

(15)貴州道　員額同前。職掌：

(甲)本職　分理貴州刑名。

(乙)兼職　稽察鴻臚寺宗人府事務。

案宗人府事務原設有宗室御史專任稽察。後以貴州滿員監察御史兼任。

第三目　科道雜差

清時科道雜差很多，有察特種事務的，有察特別區域的。分說起來，便是：

(1)巡視京城十二倉，通州中西二倉，科道御史各一人。歲十月行巡，一年而代。

(2)稽察旗務科道，滿籍二人，一年而代。

(3)稽察宗室科道二人，由宗室中派遣，一年而代。

(4)巡視淮安濟寧天津通州科道御史各一人，每歲奏請派遣。

(5)巡視盛京吉林黑龍江科道滿籍御史各一人，五年一代。

(6)巡視歸化城察哈爾科道御史各一人，三年一代。

(7)巡視台灣科道滿漢各一人，三年一代。但漢人得兼學政，屆期由台臣奏請應否續派。

(8)巡視五城科道滿漢各一人，科察奸邪兼聽獄訟，二年一代。

除了上列以外，還有：

巡江御史

巡視屯田御史等差這個在順治初年便停止了，又有督理茶馬御史，這是康熙初年才停止的。又在雍正初年曾設各省巡察，專稽盜賊，不預地方事務，但不久也停止了。別的如

直隸巡農御史

山東巡視河湖工務御史，

各省觀風整俗使，

各省宣諭化導使，這都是隨事設官，沒有定制。

第四目　科道員屬

滿清科道員屬，見諸記載的有：

(1)經歷　滿漢各一人，掌督察胥吏。

(2)都事　滿漢各一人，掌繕寫章疏。

(3)筆帖式　滿籍二十五人，蒙古二人，漢軍五人，六科滿洲八十人。掌出入文書事務。

第三款　院臣的選授銓敍

清時科道的選授，隨着滿漢種族有所不同。滿籍科道多係論俸敍升，漢籍全由「行取。」凡是知縣政績優長品行可用的，都得經內外大臣薦擢選用。他的理由，便是聖祖諭裏說的：『親民之官，諳悉利弊，得以據實指陳。有裨政治，且足鼓勵人才。』

但行取人員，都要經過試俸。試俸一年，若不稱職，便改授他務。這個和明制略同。

他的銓敍，有內陞，外陞，差用，外調，降用，革職，六等。前三等是待遇稱職的科道用的。外調便是『無所建白』或『才力不及』的人。降用革職那當然是有劣跡了。原初御史內陞，還可兼管科道原職。聖祖康熙十三年以後，便把這個革除。既被內陞，就要出缺；只有外調道員一種，仍可兼戴原銜。

第四款　言官挾私與被劾反脅的兩方的禁制

清太宗崇德八年，詔說：『都察院係朝廷風紀之官，王公大臣辦理國政勤惰，應爾衙門稽察。

有事應該據實奏聞。』這是清室注重院臣的第一次。但自是以後，漸有挾私妄糾的毛病了。世祖順治四年，便定下吏部和都察院參奏科道之例。是年科道拾遺等職，被處分的很多。轉過灣來，又成個言官不大言事的局面。所以順治十一年，又下一詔說：

『近來言官未有建白切當，及糾察顯要，皆因懼被罪之反唇仇訐，遂爾緘口。自今以後，凡被論者如有辯處，止許就所奏事款據實剖白。不許反唇仇訐，有乖法紀。』

這等制限確是前朝所未有的。同時又起復了科道爲着言事罷官的六人，提倡風氣。但又怕科道方面或許也會矯枉過正，所以詔裏又說道：

『言官亦不得挾私誣揑，自取咎戾。其參奏公私當否，或現任或陞任，考察京官之時，分別核奏，以爲勸懲。』

這樣一來，言官和被劾方面都可遵循正軌了。可惜數傳以後，這等禁制便成具文。

第五款　御史的人才與風氣

清時御史得人之盛，如聖祖康熙十九年，吏部親試科道官姚締虞王日溫與李迴諸人，皆能

「條奏詳明，諳知大體；」二十九年行取彭鵬邵嗣堯陸隴其趙蒼璧等十二人，皆能秉正不阿，卓著政績。尤其是彭鵬郭琇風紀最嚴，被人稱爲「彭郭；」吳琠陳廷敬能知大體，風氣爲之轉移。他的事蹟，是這樣：

彭鵬爲左都御史，輦下肅然，直聲滿於天下。出任廣西巡撫，墨吏望風解綬。

郭琇拜左都御史，輦下栗然。出授湖南總督，一時，貪吏皆被劾而去。聖祖嘗曰：『能如郭琇彭鵬不但爲當今名臣，後世亦足重矣。』

吳琠爲左都御史，嘗自戒曰：『司風紀者當養人廉恥，不專以彈劾爲能。』即爲所參劾之人，亦以淸官好官稱之。

陳廷敬再領台垣，每誡科道，凡有建白不許預聞堂官僚友，以滋指使屬託之弊。又云：『與其生事以塞責，不如省事而擇言。蓋毛舉細故剔摘成規，易至刻薄煩碎。』

這可見淸時御史人才與風氣的大概了。所以當時科道之制，頗爲後代所贊同。

第十五章　共和政治的監察

民國成立，創立共和政治，關於監察事務，可以分做北京政府和國民政府兩方面來說。

第一節　北京政府時代

在北京政府時代，關於監察的設施，有⑴文官懲戒委員會，⑵平政院，⑶肅政廳，這可算是差強人意的。這三個機關的分際，肅政廳主彈劾；平政院主審理；懲戒委員會那是處分違職而尙未涉及法律範圍的。現在把他分說在下面：

第一款　文官懲戒委員會

這個機關設立最早，第一任會長章宗祥，是在民國二年便受委任的。他的類別有⑴高等文官懲戒委員會，⑵普通文官懲戒委員會兩種。此外懲戒法官的，特別叫做司法懲戒委員會。

他的懲戒處分是⑴褫職，⑵降等，⑶減俸，⑷記過，⑸申誡五種。

他的懲戒事件：是(1)違背職務，(2)廢弛職務，(3)有失官職上之威嚴與信用，三種。

他的處分手續：是(1)特任官由大總統交會審查；(2)簡任官由國務院或所屬長官呈大總統交會審查；(3)薦任官由所屬長官呈國務院轉呈大總統交會；(4)委任官由長官直接交會。

接着大總統又頒布官吏四誡：(一)媮惰，(二)瞻徇，(三)奢靡，(四)嬉遊。倘經戒飭，仍有違反，便加以『上玷官箴，下害風俗』的罪名。

第二款　平政院

平政院創立在民國三年，錢能訓周樹模熊希齡夏壽康張國淦等曾先後受委爲院長，專管行政訴訟事件。茲將其受理範圍，說在下面：

(1)中央或地方最高行政官署之違法處分，致損害人民權利者。

(2)中央或地方最高行政官署之違法處分，致損害人民權利，經人民依法律規定「訴願」至最高行政官署，不服其決定者。

(3)肅政史提起的「行政訴訟。」一

（4）大總統交審事件。　　以上積極方面

（5）除官吏違法處分以外，一切單純要求「損害賠償」的案件，均不得受理。　　以上消極方面

他的審庭組織，有庭長三人，評事若干人。董鴻禕曾鑑張一鵬便是民三年初次被委的庭長。倘是被告遠離京師，又可以就地設立平政院合議庭，以所在地最高法院之司法官及院派評事五人合組之。庭長由院長臨時指定。

第三款　肅政廳

肅政廳也是民國三年設立的，專任糾察官吏的違失，有都肅政史為長官，肅政史為員屬。但糾彈事件雖只肅政史一人亦可提起，不必經過都肅政史的署名或他員的連署。所以肅政史對外是個人獨立的，只在內務上面要受肅政廳的管轄而已。

他的糾彈事件，因性質的差別可分為直呈大總統，和提出平政院兩種：

（1）直呈總統的：

（甲）官吏的違憲違法事件，

(乙)官吏之行賄受賄事件；
(丙)官吏之營私舞弊事件；
(丁)官吏之溺職殃民事件。

(2)提出平政院的：

(甲)人民因中央或地方之最高行政官署之違法處分致受損害，經過一定之「陳訴」期間尚未陳訴者。
(乙)人民因中央或地方官署之違法或不當處分，致受損害，經過一定之「訴願」期間尚未訴願者。
(丙)糾彈事件經大總統認爲應交平政院者。

在前甲乙兩項的情形時，肅政史得爲原告人。

又因事件之性質，有公開彈劾與祕密兩種：公劾於普通事件行之，密劾則以情節重大未可洩漏者爲限。

他的彈劾事績：民國三年肅政史夏壽康彈劾海軍總長劉冠雄八款；四年肅政廳呈請取消籌安會糾彈楊度諸人，這算是最大的了；但亦未有何種結果。

第二節　國民政府成立以後

第一款　監院的誕生

民國十六年四月，國民政府在南京正式成立，十七年十月中央政治會議便通過國民政府組織法試行五權憲法之治，設立五院。原擬蔡元培爲監察院長。蔡氏不就，至十八年九月改任趙戴文陳果夫爲正副院長。雖曾宣誓就職過，究竟有名無實，根本上連監察院的招牌尚未張掛起來；所以同年十月，中央政治會議又有催促國府從速成立監察院的議決。十九年二月副院長陳果夫也由京電致山西敦促趙氏來京共商監院的成立事件。可是那時閻錫山正在通電反對中央，趙戴文與閻氏有特別關係，正是于右任所說『軍閥橫行，變亂時作』的時候，設院問題，自然暫且按下不表。直至二十年二月于右任以推補國府委員資格兼長監察院，並由中政會通過劉三朱慶周覺等二十三人爲監察委員。由是五權政治之監察院，才在二十年二月十六日正式宣告成立；而我們的監察史略也在這裏可以暫告一個段落。

第二款　監察院的分區監察計劃

第一目　分區

監察成立初頭，便倣前清御史分道辦法，劃分全國爲十四區。每區設立監察行署，置監察使一人，祕書二人，書記若干人。由監察院長呈請國民政府特派，或卽以監察委員兼任。掌任周巡區內各地。他的區分，是：

第一監察區　江蘇安徽江西

第二監察區　福建浙江

第三監察區　湖南湖北

第四監察區　廣東廣西

第五監察區　河北河南山東

第六監察區　山西陝西

第七監察區　遼寧吉林黑龍江

第八監察區　雲南貴州
第九監察區　四川
第十監察區　熱河察哈爾綏遠
第十一監察區　甘肅寧夏青海
第十二監察區　新疆
第十三監察區　西康西藏
第十四監察區　蒙古

其餘各特別區市均附屬各省

第二目　監察

監察使的監察事務，有如下列各件：

(1)質問或彈劾　質問向本人行之；彈劾提交一定的上級機關。

(2)接受控告　監察使可以接受人民舉發公務員違法失職之控告；但不得批答。

(3)急速救濟　監察使對於公務員違法失職認爲情節重大時，可以逕向他的長官請求制止。

（4）報告　監察使應將監察情形按時報告監察院，並注意下面各事：

（一）關於該管區內各公署及公立機關的設施事項。

（二）關於該管區內各公務員的行動事項。

（三）關於該管區內人民疾苦及冤抑事項。

第三款　彈劾的提出

監察院的彈劾事件，有因人民呈訴和監委提出兩種。現在分說如下：

（1）人民呈訴官吏，所要經過的程序：

（一）殷實舖保兩家；

（二）詳陳事實；

（三）院長核實之後，指定監委三人審查；

（四）實地調查證據。

（2）監察委員自行提起之彈劾事件，所要經過的程序有：

(一)列舉證據，或三人連署；

(二)院長核閱之後，指定另行監委三人審查；

(三)實地調查事實。

但這裏有須注意的兩點：便是(1)監委有獨立的彈劾權，每一委員均可提出。(2)人民有向之呈訴權。雖係官吏違法事件，亦可逕向監察院提訴，不必經過法庭。

第四款　祕密與保障

監察院的設立所以打倒貪污肅清吏治，對於便利行使這個職務的事件，當然要極力推行。但這也可分做兩個方面：

(1)祕密的原則　人民呈訴官吏，倘非絕對保守祕密，便難免受他藉端報復。所以監察院接到呈訴之後，不論被訴那邊罪名是否成立，都不明白批示出來。如果眞的受理了，那便是監察委員向被訴人負責，呈訴人又向監察委員負責。呈訴和被訴兩方，並不發生直接關係。

(2)保障的原則　監察委員提起彈劾事件，雖無須祕密，然而他們是有法律保障的：

(甲)監察委員除現行犯外，非經監察院許可不得逮捕。

(乙)監察委員除(一)開除黨籍，(二)受刑事或懲戒處分(三)受禁治產宣告外，非經本人同意不得免職停職轉任或罰俸。

(丙)彈劾事件雖經懲戒委員會認爲不應處分，也可不負責任。

不過監委提出彈劾事件，被監察院查駁之後，監委倘仍不服再行提出，那時監察院交付懲戒，受了懲委會不應處分的消極反對，這個玷辱的責任便不能不由原監委負擔。這是一個例外。

第五款　事實的調查

調查確實是監察的一個原則。所以監察院有提證向各機關調閱各種案卷，及調查證據之權。有時因爲便利起見，亦得派遣專員或委託其他機關代行調查。

第六款　監察院與其他機關的關係

第一目　監察與懲戒委員會的關係

監察院不自執行懲戒，他所決定的彈劾國民政務官事件，要交國民政府執行，彈劾事務官事件要交公務員懲戒委員會執行。懲戒委員會有中央地方兩種：中央公務員懲戒委員會管轄中央官吏；地方公務員懲戒委員會管轄地方官吏。他們於接受交付之後，便要開會討論被訴人應否處分或處分的等級，交給被訴的主管長官立卽執行。他的處分等級是：

(一)撤職，　(二)降級，　(三)減俸，　(四)記過，　(五)申誡。

若是情節過重，不在前列的處分範圍，如賄賂行爲之類，那便由會送交法院辦理。

第二目　監察與審計院的關係

監察的職權，原有彈劾和審計兩種：彈劾部分前面已經說過。審計部分，則因審計院，在監察院未曾出生以前早經設立，而且他們對於國家的收支也夠行使職權。所以監察院仍把審計部分歸他繼續辦理。不過改院爲部，併入監察院裏面，受他管轄罷了。

第三目　監察院與中央黨部監察委員會的關係

監察院是國民政府的機關，監察委員會是中國國民黨的機關，在原則上原不相涉。但在以黨治國的時期，黨的主義卽爲全國政治之所依歸；所以黨的監察，同時卽爲全國監察的最高機關。一方面可以監察黨員的背誓違法或不名譽的行爲，一方面又可以監察最高官吏的行動。監察院所決定的應付懲戒事件，倘其被彈劾的是國民政府委員，便要將彈劾案連同證據物件移送中央監察委員會請求懲戒。

第七款　監察怠工的救濟

民國是把人民做主體，最高的監察權當然要歸國民大會行使。但在憲政未成訓政未了的時候，國民的一切政權都由中國國民黨代表。那麼，最高的監察權力又以暫屬國民黨中央監察委員會爲最適當，這在前面已經說過。在本款所要說的，便是監察院還要受中央監察委員會的監察，不能任意怠工。

另一方面，公務員有應受彈劾的顯著事實，或經過人民舉發，監察院故意延玩不行彈劾，這便是監察院的不盡職了，在這個場合，立法院對他也有提出質問之權。——這個會經中央政治會議決定監察院承認。

第八款　懲戒權移歸監察的主張

種不便：在現制底下，官吏懲戒的權力，全屬國民政府和他的管轄機關，監察院在彈劾時候，便有種

(1)公文往返多費周折；

(2)多予貪官汚吏以活動的機會；

(3)彈劾官吏不能執行懲戒，有損他們的威信和精神。

所以監察院在訓政時期約法公布以後，便想趁着國民政府組織法將要跟着約法脩改的時候，把移歸懲戒權提出會議，使坐而言的也可以起而行了。

第三節　監察院的政績

監察院是在「剷除貪官汚吏使國家登於清明之域。」故其委員也要本剛强不屈的精神，正直無私的氣度，廉潔可風的操守，明察秋毫的識力，爲人民喉舌，實行監督行政與監督官吏。

溯自二十年二月二十三日成立監察院之日起，至四月十五日止，共只五十餘天，據他們報告收到控告官吏事件便有四百餘起，除三百餘起因未有實據分發主管機關查報外，已經查實

即擬提出懲戒的有八十餘件，把這事實推論起來可以知道：

（1）人民對於監察院的信任與歡迎；

（2）監察委員受任之始工作甚爲興奮；

（3）政治未上軌道官吏的汚劣太多。

但到現在情形便有些不同了，這並不是第三款的原因已經消滅，實是第一第二方面的熱度退衰了許多，他的原因我們且把監察事件發表在中央週報的具體列成一表，藉悉梗概。

被劾姓名	職務	事由摘要	提出年月	提出監委	結果	備考
吳國義	四川綦縣縣長	違法濫罰	20,4,15.	高友唐	撤職查辦	
胡劍鋒	灌雲縣長	違法吞罰	同	劉莪青	同	縣民張志等呈訴
徐仲白	立法院祕書	貪贓枉法侵吞國稅	20,5.		停職懲戒	
陳調元	皖省主席	加征鹽米捐及土稅並勒種烟苗發售牌照			國府電令剋日查覆	
莊智煥	交通部電政司長	辦理國際電信水綫更訂合同喪權辱國	20,6.	田炯錦高一涵劉莪青		工會提訴國府移交
曹伯權	浙江鎮海縣縣長	土劣聚斂法官瀆職縣長因循	20,6,20.	邵鴻基	停職懲戒	縣民丁簑華呈訴

王雲龍	安徽阜陽縣長	廢弛烟禁破壞司法擅殺多命勒罰巨款縱容反動		邵鴻基高友唐田炯錦	同	縣民陳夢五呈訴
葉　鍏	福建南平縣長	枉法貪贓妨害自由		邵鴻基	移付懲戒	捐排工會呈訴
韋雋明	浙江仙居縣長	違法擅殺揑誣蒙報		鄭螺生	停職懲戒	縣民王杜氏呈訴
李慕青	湖南統稅處長	廢弛煙禁提倡販運吃食	20年7月			
嚴爾艾	甘肅視察員	遮蔽馬廷賢屠殺事情反稱軍紀嚴明				
林子峯	宜昌關監督	擅收船捐經財政部令撤不遵				關於裁釐事件監察院曾遣專員調査是否實行有無變相捐稅
張鳳喬	安徽來安縣長	縱匪虐民並公然行賄本院調查員		高友唐等		
張學良	東北邊防司令長官	失地辱國	21年1月初提8月再提	羅介夫田炯錦邵鴻基等		因無懲戒機關延擱
熊式輝	江西省主席	違法懲收產銷稅任意變更地方制度	21,8,1.	周利生	撤銷產稅廢除區長官	
水災救濟會皖北賑務處		營私舞弊延誤賑務變價短秤化粉各種	21,8,16.	周利生高一涵	澈底清查	
鄭毓秀	上海地方審判廳長	貪婪不法狼狽爲奸	22,1.	高友唐		上海人民張志平等呈訴
楊肇熉	上海特區法院長	同上	同	同		案此與前條並案提出
張學良	華北軍事委員會分會委員長	統率無方失地喪師	22,3,7.	劉莪青周利生劉三等六委		案張氏前被劾爲榆關事此次爲熱河事計提出者有劉莪青六委一起高友唐三委一起
湯玉麟	熱河主席	棄職潛逃	同	同		案此與前案並提但另有邵鴻基單劾湯氏一起

魏道明	南京市長	籌辦自來水受賄舞弊僞造收據違法瀆職	22,3,16.	邵鴻基		并案連及者有前歷任縣長齊敘王人麟程遠帆
趙啓騄	江蘇民政廳長	違法失職		劉三	由院移付懲戒	
顧祝同	江蘇省主席	袒庇趙啓騄違法亂紀蔑視官常以省府多人請免懲戒	22,9.	曾道		

據上表所列，裏頭被彈劾撤職的以縣長爲最多；一及疆吏大員，便多是沒有結果了。雖然于院長曾說：『官職雖有大小，而對於人民國家却各有各的責任。監察院彈劾違法失職官吏，官職大小意義是一樣的。』但是我們要肅清吏治，於「大法小廉」「懲一戒百」方面，也是不可不注意的。

第十六章　諫議大夫

總理在民權主義六講裏曾說：『滿淸的御史，唐朝的諫大夫，是很好的監察制度。』在五權憲法裏也說，『說到彈劾權，在中國君主時代，有專管彈劾的官。象唐的諫議大夫，和淸朝御史之類。』處處都把諫議和御史並提，所以在上面說完御史之後，又得把諫議的歷史稍爲說一說：

第一節　諫議大夫的沿革

諫議原是秦官，那時單叫諫大夫，專備「匡正君主，諫諍得失」之用。多至數十人，少或數人，都沒一定。漢與罷廢；武帝元狩五年復置。一時充任是職的，有劉輔王褒貢禹王吉匡衡何武夏侯勝嚴助諸人，頗稱盛況。後漢增名諫議大夫，但在人選方面已不及前代了。這個韋彪疏裏曾經說過：

『諫議之職，應用公直之士，通才謇正有補益於時者。今或從徵試輩任之，不宜也。』

因是諫諍不甚得力，大夫一職也不必爲人所重視了。晉魏六朝時候，便沒有這個官員。但三國的蜀還是沿用漢制，曾以費詩杜微周羣尹默等充任諫議大夫。魏雖有諫議大夫的空名，但皆是加銜，沒有實職。魏志『毛玠在職（中尉）數月，疾篤乞退，拜諫議大夫』是也。那時掌任侍從規諫的實職的，轉是散騎常侍。北朝後魏做古立制，復有諫議大夫。北齊定額爲七人。北周改設『保氏下大夫諫天子』。入隋又名諫議大夫。煬帝以後，又沒有了。唐武德初復，自是歷宋遼金皆有是職。元朝不設；明初一設卽廢。

第二節　唐宋諫議的成績

第一款　唐

唐初諫議，最爲得人。如魏徵王珪褚遂良等都是以直諫見稱的。高宗龍朔時候，改名正諫大夫。武后臨朝，設立延恩、招諫、申寃、通元四匭，卽令正諫大夫主匭。同時復設補闕拾遺二官爲副，日間聽人投書受言，日暮彙呈御覽。玄宗開元以後，仍名正諫爲諫議大夫，定額四人。德宗建中以後，更以諫議大夫爲知匭使。「言路大開，諫諍有職；」這是唐政得力的地方。

而且當時諫議的職權，還有兩個特點：便是宰相入內平章大計，諫官可以隨入與聞。（見太宗詔）而諫官論陳政事，却不必先知宰相，（見肅宗詔）他的受人倚重有這樣。

但在天授時候，因爲武后用人太濫，致有車載斗量之諺。其實那些還是經過四方存撫使薦舉，朝廷考試的。諺云：

「補闕連車載；拾遺用斗量；杷推侍御史；碗脫校書郎。」

開元以後，補闕拾遺漸入清選。另置內供奉一人，代替他的供奉瑣務。

案武后所試舉人，無分賢愚，高者授給舍，次授御史補闕拾遺校書，故有是諺。杷推言授官之泛如用杷推轉；碗脫言如碗脫模。

第二款　宋

宋時有左右諫議大夫，左右司諫（卽補闕更名，）左右正言（卽拾遺更名）等官。左屬門下，右屬中書。尤其門下所屬，是規諫諷諭的專官。大事廷奏，小事上書，這是一個通例。但因矯正五代雜濫之弊，須經別勅召用，才是諫官，又名知院官。其由他官帶銜兼領的，只叫知諫院。——這是仁宗明道初年在門下省設的，卽以左司諫爲諫垣長官。——但當時很有尸位備員的毛病。通鑑裏說：『諫議無言責，司諫正言非特詔供職亦不任諫諍，』爲的便是這個。元豐改定官制以後，才極力振頓一番。南宋孝宗倣用唐制，仍復司諫正言爲補遺。

但宋時也有兩個特點足夠注意的。

（1）執政的親戚不除諫官；（元祐八年詔）

（2）諫官不得用現任輔臣所薦的人。（慶歷初年詔）

這個是一種值得做效的良法。然亦可窺見當時的諫官，實已浸淫監劾之責了；不然爲甚麼要禁制呢？

第三節　台諫的分合問題

故事御史台掌糾官邪，諫官掌規諫諷諭，原是各有分司不相侵犯的。而宋史規定諫官的責任，却說：『凡朝政闕失，大臣百官任非其人，三省百司事有失當，皆得諫正。』諫臣要實行這個職務，當然不能不涉及彈劾範圍了。而在政制上，台諫的禁制國初却定得很嚴，既不許他倆相見，又不許他倆往來。事不相謀，所以常有台諫論爭衝突之事。南渡以後，台諫合住一府，「居同門出同幕，」禁制方面早已不生問題，事權的混亂更不消說了。孝宗淳熙時候，兵部林栗言：『諫諍之官，居其位者往往分行御史之職，至於箴規闕失寂無聞焉。請依唐制專掌諫諍，不許糾彈。』接着左補闕薛叔序上疏糾彈王淮。孝宗也對他說：『卿等官以補闕爲名，專主規諫人主，不任糾彈。此奏乃類彈擊，甚非設官命名之意。』自是以後，諫官的本來面目，才稍呈露出來。

第十七章 司隸校尉

中國古代掌任糾察的更有司隸校尉一官，不過他的管轄範圍只在畿內而已。他的性質和現在的巡警有點相同。爲他和御史的監察常有關係，所以也在這裏帶說幾句。

第一節 司隸的沿革

司隸二字始見於周官，至武帝政和四年才設，定名司隸校尉，掌捕巫蠱督姦猾等事，原是個持節武臣。元帝初年諸葛豐爲校尉，始罷持節。哀帝綏和二年改名司隸，掌察太子以下行馬內事。出行專道，坐朝專席，和御史夾行馬而治。

後漢復名司隸校尉，統畿輔河南等七郡。朝廷百官除三公以外，沒有不受糾察的。官屬有從事十二人，都官從事史一人，尤其都官最爲厲害，百官犯法，全由他一人舉劾。

魏的司隸和漢相同，他的糾劾權力也不下於中丞。明帝時，候杜恕疏裏說：『司隸校尉御史大夫不能舉綱維以督姦宄，』可見他是和御史比並了。魏志又說：鍾會爲司隸雖在外司，時政損鎰，當世與奪，無不畢綜。又說：徐邈爲司隸校尉，百僚敬憚這都是司隸綱紀百寮的註脚。晉亦因漢沒有變更，但「不糾三公」和「行馬界限的打破」（詳前章）在歷史上是很値記載的。東晉渡江以後，以揚州刺史代行司隸校尉職權，由是南朝便沒有司隸了。

北朝後周有司隸下大夫，掌五隸盜賊囚執，這是模倣周官設的，和監察不大相關。隋煬帝置司隸台，以薛道衡爲司隸大夫，分按東都和京師，權責頗重。後因裴蘊爲御史，想專制京都，授意虞世基奏罷司隸。由是司隸校尉便成了歷史的名詞。

唐開元初置兩京觀察使，旋改采訪處置使，後又改做觀察處置使，（詳前）掌察所部善惡，其實也是司隸的職權。遼時有五京警巡使。金元有警巡院。明有巡視五城御史，掌察藩臣府縣，大事奏裁，小事立斷，尤與司隸的實質相同；但那古舊的官名，已沒有人採用了。

第二節　糾察事例

漢元帝時諸葛豐爲司隸，糾察無所迴避，因是京師有『間何闊逢諸葛之謠。』哀帝時候，鮑宣爲司隸，摧辱丞相孔光下獄，至有太學生千餘人趨朝救援。他如王駿奏免匡衡；蓋寬饒不避權貴；陽球杖磔王甫李膺獄殺張朔；這都是司隸風格的一斑。晉時劉毅爲司隸，奏免尙書劉寶太尉何曾，其餘司令以下與犯案相連的，至於自行投綬去職。時人以爲可以繼武諸葛寬饒。這個就在御史裏頭，也是不可多得的。

至於鮑宣鮑永鮑昱世爲司隸，皆能肅隸風霜，使貴游斂手以避。京師諺云：『鮑氏驄，三入司隸再入公馬雖疲，行步工，』那更是一篇佳話了。

第十八章 封駁詔書

以上所說都是事後的監察。中國古代還有一種事前預防的方法：凡臣下條奏君主詔勅有不妥當的，都可以由門下省駁斥或封還，這個便叫「封駁。」詳說起來，有：

第一節 唐的塗歸

封駁之制，始於唐時。那時分立尙書，中書，門下三省。即以三省長官充任宰相。尙書叫「令」叫「僕射；」中書叫「令」叫「侍郎；」門下叫「侍中，」叫「侍郎，」叫「給事中。」照例「中書取旨，（亦名中書造命）門下覆奏，尙書施行。」三省之官「相互匡正，歸於無失，」這是唐制的長處。

他的令文，是：

門下侍中掌審署奏鈔駁正違失；

侍郎掌署奏鈔駁正違失；

給事中掌讀署奏鈔駁正違失。三職雖稍微不同，但他們專主封駁總是一樣。通典說：

『百司奏鈔，侍中既審則駁正違失；詔勅則塗竄而奏還之。』

這便是所謂「塗歸」了。而這塗歸之職，實際上全歸在給事中手裏。只看德宗貞元中，給事中袁高不肯草制復制盧杞，封還詞頭，揭杞罪狀。

文宗開成初，給事中盧載封還以郭承嘏出任刺史詔書，謂其在省封駁稱職，便可知道了。而且這樣的事例，史裏還多。

第二節　宋給舍的封駁特權

宋制門下省置給事中四人，『掌讀中外出納，……若政令有失當，除授非其人，則論奏而駁正之；凡章奏錄目以進，考其稽違而糾治之，』一封一駁，和唐完全相同。不過唐給事中專主塗歸，只是事實的推演；宋給事中專主封駁，卻有法令的明文了。但這裏面也有個原因：原來宋時元豐事例，以三省秩高費大，廢掉長官不設，只設尚書左右僕射。又以右僕射兼中書侍郎代行中書令職務；左僕射兼門下侍郎，代行侍中職務。實際上三省已經混合，中書取旨事件，事前未經知道的，也只剩下給事中數人。

考宋史所載：太宗淳化四年，詔給事『制勅不便准照故事封駁，』可見封駁之例，至少在太宗時候已有些時不能實行了。淳化九年，詔停給事中以封駁司歸入銀台，（宋銀台司掌受天下奏狀）那便是根本推翻這個制度。神宗元豐官制行後，給事中雖照唐舊，仍司「讀署」之權，但那時中書急速文字，往往不送門下便付施行，因是給事中封駁之權，有時也成爲例外。

南宋以後，三省大小事件，都是中書「書黃，」（元豐五年詔給事中許書畫黃不書草著爲令）宰執「畫押，」當制舍人「書行，」門下給事中「書讀。」倘是舍人和給事中，發現有不便所在，便可以封還稿件——黃麻——具奏，這叫做「封黃」。但這都是就中書取旨事件說的。倘由樞密院取旨件，那便可以「書黃」逕送門下，不送中書，叫做「密白。」「密白」事件的封還，自然非舍人所管得到了。南宋以後，宰執多兼樞密。孝宗三年便除「密白」之例，凡有詔旨令樞密院並關兩省，由是才復三省並峙的舊觀。

第三節　遼金元明攝述

遼置門下省給事中。金給事中爲內侍寄祿之官，另置審官院掌奏駁除受失當。元時不設省院，給事中只掌紀錄如古左右史之職，不主封駁。明設六科給事中專掌侍從稽察六部百司之事。凡制勅宣行有失封還執奏；章疏違誤參署付部駁正，這正是唐宋封駁的舊制。滿清科道雖然合併，但還享有封駁特權。

中國監察史略終

民國二十六年五月印刷
民國二十六年五月發行

學藝文庫第四種
中國監察史略（全一冊）

實價國幣三角五分
（郵運匯費另加）

著者 徐式圭

發行者 中華書局有限公司
代表人 路錫三

印刷者 中華書局印刷所（上海澳門路）

總發行處 中華書局發行所（上海福州路）

分發行處 各埠 中華書局

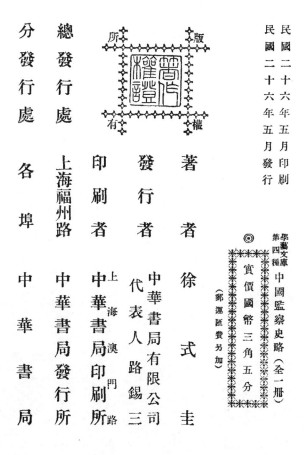